Leadership Smart

Essere un bravo manager nell'era dello smartworking!

Premessa

Il mondo del lavoro sta cambiando rapidamente, e lo smartworking non è più un'eccezione ma una realtà consolidata per molte aziende. La pandemia globale ha accelerato un cambiamento che era già in atto, spingendo organizzazioni di ogni settore a ripensare il modo in cui si lavora, si comunica e si raggiungono obiettivi comuni. In questo nuovo contesto, il ruolo del manager si è trasformato: la leadership tradizionale non è più sufficiente e, per essere efficaci, i leader devono sviluppare competenze specifiche per affrontare le sfide e le opportunità del lavoro a distanza.

Guidare un team remoto richiede una mentalità aperta e flessibile, orientata all'empatia, alla fiducia e all'autonomia. Non si tratta solo di fornire strumenti digitali per facilitare la comunicazione e la collaborazione, ma di creare un ambiente di lavoro che valorizzi il benessere, la crescita professionale e la soddisfazione personale di ciascun collaboratore. La leadership nell'era dello smartworking è una combinazione di competenze tecniche, umane e strategiche che permettono di creare un team unito, produttivo e motivato, anche senza la presenza fisica.

In questo libro esploreremo le sfide e le opportunità dello smartworking, approfondendo le pratiche migliori per una leadership efficace in contesti digitali. Scopriremo come gestire la comunicazione a distanza, come mantenere alta la motivazione del team, come bilanciare la produttività con il benessere personale, e come promuovere un ambiente di lavoro inclusivo e innovativo. Attraverso esempi pratici, strategie comprovate e strumenti digitali, questo libro fornirà una guida completa per sviluppare una leadership "smart" in un mondo del lavoro sempre più interconnesso e flessibile.

Questa non è solo una guida per diventare un manager efficace nello smartworking, ma un invito a ripensare il concetto stesso di leadership. Il lavoro remoto non è solo una questione di tecnologia, ma di cultura aziendale, di fiducia e di crescita reciproca. Ogni capitolo di questo libro è progettato per aiutare i leader a sviluppare competenze nuove, a riflettere sulle proprie pratiche e a costruire un ambiente di lavoro che valorizzi il potenziale di ogni individuo.

Benvenuti in questo viaggio verso una leadership consapevole, inclusiva e orientata al futuro. L'obiettivo è semplice ma ambizioso: creare un modello di leadership che sia non solo efficace, ma anche umano, responsabile e sostenibile. In un mondo dove il lavoro si evolve, anche la leadership deve evolversi, e questo libro è qui per guidarvi lungo questo percorso di crescita e trasformazione.

Capitolo 1

L'evoluzione del management nell'era digitale

L'inizio di un nuovo paradigma

L'avvento dello smartworking ha imposto un cambiamento radicale nel modo in cui i manager guidano i loro team. Oggi, un bravo leader non può più basarsi sulla supervisione visiva e sull'interazione costante nello stesso spazio. La distanza richiede invece un approccio fondato su fiducia, chiarezza e supporto. Da supervisore, il manager diventa un vero e proprio facilitatore del lavoro altrui.

Che tipo di leadership richiede lo smartworking?

La leadership a distanza implica un cambio di mentalità. Il controllo diventa secondario rispetto alla costruzione di un ambiente di lavoro sano e stimolante, anche senza una presenza fisica. Il manager è un faro che orienta i propri collaboratori verso risultati concreti e misurabili, ma è anche la figura che rende possibile il raggiungimento di quegli stessi risultati, assicurandosi che ogni membro del team abbia le risorse e il supporto necessari.

> *Andrea, responsabile di un team di vendita, si è trovato improvvisamente a gestire collaboratori da remoto.*

> *Inizialmente aveva difficoltà a fidarsi della loro capacità di autogestione. Ha quindi deciso di introdurre un breve incontro settimanale, senza agenda formale, per dare spazio a ogni membro di raccontare come stava affrontando le proprie attività. Questo momento di scambio lo ha aiutato a comprendere meglio le sfide quotidiane del team e a rispondere alle esigenze individuali, promuovendo un clima di fiducia reciproca.*

Strumenti e strategie di comunicazione

Uno degli aspetti più delicati nello smartworking è la comunicazione. Mentre in ufficio si può interagire in modo rapido e informale, il lavoro da remoto richiede canali strutturati e strategie di comunicazione specifiche. Ogni manager deve quindi saper scegliere il mezzo giusto per il messaggio giusto, adattando la comunicazione alle necessità della situazione.

Scegliere il canale giusto

Esistono moltissimi strumenti per comunicare a distanza: dalle e-mail alle chat, dalle videochiamate alle piattaforme collaborative. La scelta del mezzo più appropriato è fondamentale per evitare incomprensioni e per garantire che il messaggio arrivi con l'impatto desiderato.

- ✓ **E-mail**: Ideale per comunicazioni formali o che devono essere consultate anche successivamente.
- ✓ **Chat (es. Slack, Teams)**: Perfetta per comunicazioni rapide, aggiornamenti quotidiani e domande veloci.
- ✓ **Videoconferenze**: Strumento essenziale per riunioni di team, momenti di brainstorming o check-in settimanali.

> *Martina, project manager in una grande azienda di consulenza, ha deciso di utilizzare Slack per le comunicazioni rapide e Teams per le riunioni settimanali.*
> *Tuttavia, per ogni progetto ha anche istituito un "diario di bordo" condiviso, dove ogni collaboratore aggiorna il proprio stato settimanale delle attività.*
> *In questo modo, i collaboratori sanno esattamente quali strumenti usare per ogni necessità e Martina ha una panoramica sempre aggiornata.*

Evitare le "Zone di Silenzio"

Lavorare da remoto può portare i collaboratori a isolarsi o a percepire un distacco dal team. Per questo motivo, è importante creare appuntamenti regolari di confronto, anche solo per mantenere il contatto e verificare che non ci siano problemi nascosti.

Protocollo di comunicazione

1. **Riunioni giornaliere**: Brevi incontri di 10-15 minuti per aggiornamenti veloci.
2. **Check-in settimanali individuali**: Momenti di confronto tra manager e singoli membri del team per approfondire eventuali criticità.
3. **Riunioni mensili**: Occasioni più strutturate per valutare il progresso complessivo e analizzare gli obiettivi raggiunti.
4. **Sessioni di brainstorming trimestrali**: Incontri più informali per stimolare la creatività e condividere idee nuove.

Stabilire obiettivi chiari e trasparenti

Nel lavoro da remoto, l'assenza di obiettivi chiari può far perdere di vista la direzione. La gestione basata sugli obiettivi diventa quindi fondamentale per dare struttura e allineamento al team, ma anche per ridurre l'ansia di dover dimostrare la propria produttività.

Il metodo OKR e i KPI

Una delle metodologie più efficaci per la gestione del lavoro a distanza è l'uso di OKR (Objectives and Key Results). Gli OKR permettono di stabilire obiettivi misurabili e di verificare costantemente i progressi, dando chiarezza a ciascun membro del team.

> *Laura, responsabile del customer service, ha adottato gli OKR per monitorare la soddisfazione dei clienti da remoto.*
> *Ha definito come obiettivo generale "Aumentare la soddisfazione dei clienti del 20%", con risultati chiave misurabili come ridurre i tempi di risposta a meno di 2 ore e*

> aumentare del 25% la risoluzione dei problemi al primo contatto.
> Con questo sistema, Laura è in grado di valutare facilmente il progresso del team.

Costruire la fiducia tramite obiettivi

Quando i risultati sono chiari e trasparenti, il team non sente la necessità di "giustificarsi" con il manager, che, a sua volta, evita il micromanagement. Questo approccio rende anche il lavoro a distanza un'occasione per valorizzare le competenze individuali.

> Luca, capo del team vendite, ha creato obiettivi settimanali chiari e concordati con ogni membro.
> In questo modo, anche se non può osservare il lavoro di ciascuno in diretta, sa che ogni persona è focalizzata su un risultato concreto.
> Questo ha ridotto la necessità di riunioni inutili e ha dato al team la possibilità di concentrarsi meglio sulle proprie attività.

Valorizzare la flessibilità con confini chiari

Lavorare in modo flessibile è uno dei vantaggi principali dello smartworking, ma è anche una delle sue sfide. La flessibilità deve essere bilanciata con una struttura che eviti che le persone si sentano "sempre sul lavoro" o, al contrario, si lascino andare alla disorganizzazione.

Definire confini e linee guida

Il manager smart stabilisce delle regole di base per garantire che tutti rispettino la flessibilità e che l'efficienza del team non sia compromessa.

1. **Orari minimi di presenza**: Concordare delle fasce orarie in cui tutti sono disponibili, anche se il resto del tempo è libero.
2. **Tempi di risposta**: Definire aspettative di reattività, evitando che il team si senta obbligato a rispondere a ogni richiesta immediatamente.

3. **Modalità di aggiornamento**: Stabilire frequenze di aggiornamento regolari per monitorare il progresso, senza invadere l'autonomia dei collaboratori.

> *Giulia, responsabile di un team di sviluppatori, ha stabilito una fascia oraria comune dalle 10 alle 12 ogni giorno, in cui tutti i membri del team devono essere disponibili per domande e incontri. Il resto della giornata è flessibile, con la regola di rispondere a messaggi urgenti entro 24 ore. Questo sistema ha migliorato la concentrazione e ha ridotto lo stress.*

Promuovere il benessere del Team

Il benessere psicologico è fondamentale per garantire che il team sia motivato e produttivo. Un bravo manager non si limita a monitorare la performance, ma si occupa anche del benessere dei propri collaboratori, creando momenti di confronto e supporto.

Idee per il benessere a distanza
- ✓ **Pausa caffè virtuale**: Organizzare un incontro informale settimanale senza un'agenda di lavoro.
- ✓ **Eventi di team building**: Pianificare attività divertenti, come quiz virtuali o giochi di squadra.
- ✓ **Supporto psicologico aziendale**: Offrire l'accesso a programmi di consulenza o supporto.

> *Il team marketing di una startup tecnologica ha istituito un incontro informale chiamato "Break & Talk" ogni giovedì pomeriggio, dove i membri del team si collegano per una chiacchierata leggera, senza parlare di lavoro.*
> *Questa iniziativa ha contribuito a mantenere alto il morale e a creare legami più solidi tra colleghi.*

La formazione continua del manager digitale

Infine, un aspetto cruciale per essere un manager efficace nel contesto digitale è la formazione continua. Le tecnologie e le dinamiche del lavoro da remoto evolvono costantemente, ed è fondamentale restare aggiornati su strumenti e metodologie di gestione moderna. Questo implica investire tempo nello studio e nella sperimentazione di nuove piattaforme e tecniche di leadership digitale, ma anche saper ascoltare il proprio team per capire le loro necessità e come il manager può supportarli al meglio.

> *Francesca, leader di un team di ingegneri, ha deciso di frequentare un corso di aggiornamento sulle metodologie agili e sulla gestione del team da remoto. Ha imparato nuove strategie per organizzare riunioni virtuali più efficaci e per gestire le performance in modalità asincrona.*
> *Grazie a questa formazione, è riuscita a ridurre drasticamente il numero di riunioni non necessarie e a migliorare la produttività complessiva del suo team.*

Capitolo 1 - *Considerazioni e spunti pratici*

Il ruolo del manager nell'evoluzione del lavoro

Per essere un manager efficace nell'era dello smartworking, è fondamentale creare un ambiente che favorisca la fiducia, la comunicazione aperta e il supporto reciproco. La leadership a distanza non si basa sul controllo, ma sulla capacità di guidare con trasparenza, empatia e rispetto per l'autonomia di ciascun membro del team. Il successo di un manager si misura nel saper costruire una squadra unita, produttiva e autonoma, che riesca a operare con consapevolezza e indipendenza.

Lo smartworking richiede una leadership che non si limiti a perseguire i risultati, ma che ponga l'attenzione anche sui metodi e sul benessere delle persone coinvolte. Un bravo manager sa riconoscere e valorizzare le differenze tra i membri del team, utilizzandole come punti di forza e contribuendo a creare una cultura aziendale inclusiva. Il raggiungimento degli obiettivi passa così non solo attraverso il lavoro, ma anche attraverso un ambiente che favorisce la soddisfazione e il benessere di tutti i collaboratori.

In un contesto di lavoro flessibile e digitale, il management deve evolversi, adattandosi alle sfide di un mondo sempre più dinamico. Il leader moderno non può fare affidamento su metodi tradizionali, ma deve abbracciare un approccio innovativo, basato su soft skills e tecnologie che rendano il team più forte e resiliente. Una leadership che punta all'empatia e alla collaborazione diventa quindi essenziale per il successo in un ambiente di smartworking.

1. L'adattabilità come competenza chiave del management moderno

Nel contesto digitale, l'adattabilità è diventata una competenza essenziale per ogni manager. Con l'accelerazione dei cambiamenti tecnologici e la crescente adozione del lavoro remoto, i manager devono essere pronti ad adattarsi rapidamente a nuove condizioni e a rivedere le proprie strategie per rispondere alle esigenze del team. Un manager adattabile è in grado di guidare il team con sicurezza anche nelle situazioni di incertezza, promuovendo un ambiente di lavoro resiliente e capace di affrontare le sfide.

2. La flessibilità come fattore di motivazione e benessere

Il passaggio allo smartworking ha evidenziato l'importanza della flessibilità per il benessere e la produttività dei collaboratori. La capacità di lavorare in modo flessibile permette al team di adattarsi alle esigenze personali e di trovare un equilibrio tra vita professionale e privata. Un manager che sa gestire la flessibilità con intelligenza è in grado di motivare il team e di creare un ambiente di lavoro positivo, in cui i collaboratori si sentono valorizzati e supportati.

3. L'empatia come fondamento della leadership digitale

In un ambiente di lavoro remoto, l'empatia è una qualità fondamentale per costruire relazioni di fiducia e per comprendere le difficoltà individuali del team. La distanza fisica può ridurre la visibilità delle sfide quotidiane che i collaboratori affrontano; per questo, un manager empatico è in grado di riconoscere e rispondere alle esigenze emotive e professionali del team. L'empatia aiuta a creare un clima di rispetto e di ascolto reciproco, promuovendo una cultura aziendale inclusiva e sostenibile.

4. La trasformazione digitale come opportunità di innovazione

L'evoluzione del management richiede una comprensione profonda delle tecnologie digitali e del loro potenziale per migliorare i processi e incrementare l'efficienza. La trasformazione digitale rappresenta un'opportunità per i manager di innovare, di introdurre strumenti di automazione e di facilitare la comunicazione e la collaborazione. Un manager che abbraccia il digitale può creare un ambiente di lavoro agile e all'avanguardia, in cui i collaboratori hanno accesso a strumenti e risorse che facilitano il loro lavoro e migliorano la qualità dei risultati.

5. L'autonomia come strumento di crescita

Nel lavoro remoto, i collaboratori hanno un maggiore livello di autonomia, e questo richiede un management che sappia bilanciare la supervisione con la fiducia. Un manager che valorizza l'autonomia permette ai collaboratori di assumersi responsabilità e di sviluppare una maggiore sicurezza nelle proprie capacità. L'autonomia favorisce l'iniziativa personale e la creatività, e quando i collaboratori sanno che il manager si fida di loro, sono più motivati a raggiungere risultati significativi e a contribuire in modo attivo al successo dell'organizzazione.

6. La comunicazione come elemento centrale della leadership remota

La comunicazione chiara e strutturata è un aspetto imprescindibile per un management efficace in contesti remoti. La distanza fisica rende necessaria una comunicazione che sia non solo informativa, ma anche orientata al coinvolgimento e alla motivazione. Un manager che sa comunicare con trasparenza e frequenza mantiene il team allineato e motivato, facilitando la collaborazione e riducendo il rischio di incomprensioni. La comunicazione diventa così un ponte che unisce il team e permette di mantenere un clima di lavoro positivo e produttivo.

7. L'importanza della formazione continua per il management nell'era digitale

L'evoluzione del management richiede un impegno costante nell'apprendimento e nella crescita personale. Con l'evolversi delle tecnologie e delle modalità di lavoro, i manager devono aggiornarsi continuamente sulle best practice, sui nuovi strumenti digitali e sulle strategie di leadership più efficaci. La formazione continua diventa così un pilastro per il successo, permettendo ai manager di mantenere alta la propria competenza e di rispondere in modo adeguato alle sfide del contesto digitale.

8. La leadership collaborativa come fondamento per il successo

Nel contesto del lavoro digitale e dello smartworking, il ruolo del manager non è solo quello di dirigere, ma anche di facilitare la collaborazione e di creare un ambiente di supporto reciproco. La leadership collaborativa valorizza il contributo di ciascun membro del team e promuove un approccio basato sulla cooperazione e sul rispetto delle diverse competenze. Un manager collaborativo sa creare un team coeso e orientato agli obiettivi comuni, rendendo il lavoro più soddisfacente e migliorando i risultati complessivi.

9. La visione a lungo termine come bussola per la crescita del team

Infine, la capacità di un manager di stabilire una visione chiara e di lungo termine è essenziale per ispirare il team e per dare un significato al lavoro quotidiano. Una leadership che guarda oltre le sfide immediate, che promuove una cultura dell'innovazione e che incoraggia il miglioramento continuo rappresenta una guida sicura per i collaboratori. La visione a lungo termine permette al team di sentirsi parte di un progetto di crescita e di successo condiviso, aumentando l'impegno e la motivazione.

Capitolo 2

Comunicazione efficace con i team remoti

La comunicazione come pilastro del successo

Quando il team è distribuito e la comunicazione non è immediata, il rischio di incomprensioni aumenta. La comunicazione efficace, quindi, diventa la colonna portante del management remoto. Questa sezione esplora come un manager possa sviluppare un sistema di comunicazione chiaro, completo e inclusivo, evitando al contempo la sovrapposizione di informazioni e il cosiddetto "information overload."

Approfondimento

Un buon sistema di comunicazione bilancia la chiarezza con la sintesi, evitando riunioni e aggiornamenti superflui. Il manager deve saper dosare le informazioni e dare priorità ai messaggi essenziali, distinguendo tra ciò che può essere comunicato per iscritto e ciò che invece richiede un incontro interattivo.

Stabilire norme e aspettative chiare

Definire norme di comunicazione e aspettative chiare su tempi e modi di risposta è essenziale per evitare malintesi. Ogni membro del team deve sapere quali canali utilizzare per le diverse necessità e cosa ci si aspetta in termini di tempestività e completezza delle risposte.

Comunicazione formale vs. informale

Una delle sfide più grandi nel lavoro remoto è mantenere un buon equilibrio tra comunicazione formale (documenti, report, riunioni ufficiali) e informale (chat, e-mail rapide). La comunicazione formale aiuta a mantenere una documentazione chiara e tracciabile, mentre quella informale favorisce l'agilità e la spontaneità.

- ✓ **Comunicazione formale**: Utilizzare documenti condivisi e registrazioni di riunioni per comunicazioni che richiedono precisione e tracciabilità.
- ✓ **Comunicazione informale**: Incoraggiare il team a usare chat o e-mail rapide per domande non urgenti, creando un flusso naturale di aggiornamenti quotidiani.

> *Valentina, una manager in una startup, ha creato un protocollo semplice: utilizza Slack per la comunicazione quotidiana e Asana per le assegnazioni formali di compiti.*
> *In questo modo, il team sa dove trovare informazioni ufficiali e dove discutere liberamente le idee.*

Promuovere il feedback costruttivo

La comunicazione a distanza può facilmente diventare unidirezionale. Un bravo manager incoraggia un dialogo aperto e invita il team a dare feedback regolari. Questo approccio promuove la fiducia reciproca e migliora l'efficacia del team.

Capitolo 2

Monitoraggio dei progressi tramite report sintetici

Una pratica efficace per mantenere un quadro chiaro è il monitoraggio tramite report settimanali o mensili, che riassumono i progressi, le difficoltà e le prospettive di ogni progetto.

- ✓ **Report sintetici**: Richiedere un breve report da ciascun membro del team con i punti salienti della settimana.
- ✓ **Visual dashboard**: Utilizzare strumenti come PowerBI o Tableau per una visualizzazione in tempo reale delle metriche chiave.

> *Gianni, responsabile di un team di marketing, ha introdotto un sistema di report settimanali dove ogni membro invia un resoconto dei progetti completati, in corso e in arrivo.*
> *Questo metodo ha permesso a Gianni di identificare i problemi in anticipo e di supportare il team con maggiore efficacia.*

La gestione della conflittualità a distanza

I conflitti possono sorgere in qualsiasi ambiente di lavoro, ma nel lavoro remoto è fondamentale gestirli rapidamente e con tatto. Un manager smart sa come riconoscere i segnali di conflitto e ha strumenti per affrontare la situazione con diplomazia.

- ✓ **Ascolto empatico**: Una tecnica efficace è l'ascolto empatico, in cui il manager si concentra non solo sulle parole, ma anche sul contesto e sulle emozioni espresse dal team.
- ✓ **Questionario di clima aziendale**: Periodicamente, distribuire un questionario di clima aziendale anonimo per raccogliere segnali di disagio o insoddisfazione.

Approfondimento
La gestione del conflitto è una competenza che ogni manager deve sviluppare. Offrire sessioni di formazione sulla gestione dei conflitti può aiutare i membri del team a risolvere autonomamente le incomprensioni e a sviluppare capacità di mediazione.

Rafforzare il senso di appartenenza tramite la comunicazione

Quando il team non condivide uno spazio fisico, è fondamentale creare un senso di appartenenza attraverso la comunicazione. Questo non solo migliora il morale, ma stimola anche la collaborazione e l'impegno nel raggiungere obiettivi comuni.

Organizzare momenti di crescita e sviluppo professionale

Un manager smart promuove la crescita continua e organizza momenti dedicati allo sviluppo professionale, come sessioni di formazione o attività di team building virtuale. Queste attività rinforzano il legame del team e forniscono ai collaboratori strumenti utili per affrontare le sfide lavorative.

- ✓ **Sessioni di mentorship**: Creare coppie di mentorship tra membri senior e junior del team, per favorire l'apprendimento e il supporto reciproco.
- ✓ **Workshop virtuali**: Programmare workshop su competenze specifiche come la gestione del tempo, il miglioramento della comunicazione o le nuove tecnologie di collaborazione.

> *In un'azienda di consulenza, il team HR organizza ogni mese un "lunch & learn" virtuale, dove un membro del team presenta un argomento di interesse.*
> *Questo incontro informale ha contribuito a creare un forte senso di appartenenza e ha arricchito le competenze del gruppo.*

Uso efficace delle tecnologie per la comunicazione remota

Un manager moderno deve conoscere le tecnologie che facilitano la comunicazione a distanza. Oltre agli strumenti di base come e-mail e chat, ci sono piattaforme che migliorano la collaborazione, semplificano il feedback e centralizzano le informazioni.

Organizzare le comunicazioni in un'unica dashboard

Per evitare la dispersione di informazioni, è utile concentrare tutte le comunicazioni e i documenti principali in una dashboard centralizzata, dove ogni membro del team può trovare facilmente le risorse necessarie.

Capitolo 2

- ✓ **Dashboard di progetto**: Creare una dashboard che raccolga tutte le informazioni chiave del progetto, come scadenze, obiettivi e assegnazioni.
- ✓ **Strumenti di notifiche automatizzate**: Impostare notifiche automatiche per eventi importanti, come il completamento di un task o la revisione di un documento.

> *Alessandra, team leader di un progetto tecnologico, ha creato una dashboard di progetto su Notion, dove tutti i membri possono trovare aggiornamenti e materiali. Questo sistema ha ridotto il numero di e-mail e ha facilitato l'accesso alle informazioni per il team.*

Capitolo 2 - Considerazioni e spunti pratici

Comunicare per connettere

Nel contesto del lavoro remoto, una comunicazione efficace è la chiave per mantenere il team coeso, produttivo e allineato agli obiettivi aziendali. La comunicazione non è solo un mezzo per trasmettere informazioni, ma un pilastro fondamentale per costruire fiducia, promuovere la collaborazione e garantire che ogni collaboratore si senta parte integrante del team, anche quando lavora a distanza.

1. La comunicazione come fattore di inclusione e appartenenza
Una comunicazione aperta e costante è essenziale per far sentire ogni membro del team coinvolto e valorizzato. Nel lavoro remoto, l'isolamento è un rischio reale, e senza una comunicazione efficace, alcuni collaboratori possono sentirsi esclusi o poco allineati. Il manager gioca un ruolo fondamentale nell'assicurarsi che ogni persona sia informata e che abbia l'opportunità di condividere idee e feedback. Una comunicazione che promuove l'inclusività e l'appartenenza permette di creare un ambiente di lavoro positivo, in cui ciascun membro si sente rispettato e supportato.

2. La trasparenza come strumento di fiducia e affidabilità
La trasparenza nella comunicazione è il fondamento della fiducia nel lavoro remoto. Quando le informazioni sono condivise in modo chiaro e onesto, i collaboratori si sentono sicuri e più motivati a dare il meglio. Un manager che comunica apertamente sulle priorità, sulle sfide e sui successi aziendali costruisce una relazione di fiducia con il team, e questa fiducia è essenziale per garantire che ogni collaboratore lavori con serenità e sicurezza. La trasparenza crea una base solida su cui costruire un clima aziendale di rispetto reciproco e di affidabilità.

3. La comunicazione sincrona e asincrona come strumenti di flessibilità
Nel lavoro remoto, l'equilibrio tra comunicazione sincrona (in tempo reale) e asincrona (in tempi diversi) è essenziale per garantire sia la produttività che la flessibilità. La comunicazione sincrona è ideale per risolvere problemi urgenti e per le discussioni collaborative, mentre la comunicazione asincrona permette ai collaboratori di lavorare secondo il

proprio ritmo, senza la pressione di dover rispondere immediatamente. Un buon manager sa utilizzare entrambi gli approcci per promuovere un ambiente di lavoro flessibile e rispettoso del tempo di ciascuno, contribuendo così a un equilibrio sano tra lavoro e vita privata.

4. La comunicazione come mezzo di allineamento agli obiettivi
Comunicare chiaramente gli obiettivi aziendali e di team è fondamentale per assicurarsi che tutti i collaboratori siano allineati e sappiano come il proprio lavoro contribuisce al successo complessivo. Una comunicazione che fornisce un quadro chiaro delle priorità e dei risultati attesi motiva i collaboratori e aumenta il senso di responsabilità e di impegno. Quando ogni membro del team comprende il proprio ruolo nel raggiungimento degli obiettivi, si crea un senso di coesione e di partecipazione che favorisce la produttività e l'efficienza.

5. La comunicazione empatica come fattore di supporto e benessere
La comunicazione empatica è particolarmente importante nel lavoro remoto, dove le difficoltà individuali possono passare inosservate. Un manager che ascolta attivamente, che mostra comprensione e che offre supporto diventa un punto di riferimento per i collaboratori, che si sentono liberi di esprimere le proprie preoccupazioni e di chiedere aiuto quando necessario. La comunicazione empatica non solo contribuisce al benessere del team, ma crea anche un clima di fiducia e di rispetto reciproco, in cui ogni collaboratore sa di poter contare sul supporto del proprio manager e dei colleghi.

6. La comunicazione come fattore di responsabilizzazione
Nel lavoro remoto, ogni collaboratore ha maggiore autonomia nella gestione del proprio tempo e delle proprie attività. Una comunicazione chiara e strutturata favorisce la responsabilizzazione, permettendo a ogni membro del team di avere un quadro chiaro delle proprie responsabilità e delle aspettative. Quando i ruoli e gli obiettivi sono ben definiti, ogni collaboratore può lavorare con maggiore autonomia, assumendosi la responsabilità dei propri compiti e contribuendo in modo significativo al successo del team.

7. La tecnologia come catalizzatore della comunicazione efficace
Nel lavoro remoto, la tecnologia diventa uno strumento indispensabile per facilitare la comunicazione. Utilizzare le piattaforme giuste, come

strumenti di videoconferenza, chat di gruppo e piattaforme di gestione dei progetti, è essenziale per mantenere la continuità delle interazioni e la fluidità del lavoro. Un manager che investe nel giusto set di strumenti tecnologici permette al team di lavorare in modo efficiente, di condividere informazioni in tempo reale e di collaborare senza difficoltà. La tecnologia, quando utilizzata in modo strategico, diventa un catalizzatore per una comunicazione più rapida, trasparente e strutturata.

8. La comunicazione come strumento di feedback e crescita
Una comunicazione efficace è anche un mezzo per fornire feedback costante e per stimolare la crescita dei collaboratori. Nel lavoro remoto, il feedback diventa ancora più importante, poiché permette ai collaboratori di comprendere i propri progressi, di correggere eventuali errori e di migliorare continuamente. Un manager che comunica feedback in modo tempestivo e costruttivo contribuisce a creare un ambiente di apprendimento continuo, in cui ogni membro del team può crescere e sviluppare nuove competenze.

9. La comunicazione come promotrice della cultura aziendale
Infine, la comunicazione è uno degli strumenti più potenti per rafforzare e diffondere la cultura aziendale nel lavoro remoto. Quando i valori e i principi aziendali sono comunicati costantemente e con coerenza, ogni collaboratore si sente parte di una comunità con obiettivi e valori condivisi. La comunicazione diventa un mezzo per trasmettere l'identità aziendale e per creare un senso di appartenenza che va oltre la distanza fisica. In questo modo, anche nel lavoro remoto, la cultura aziendale rimane viva e presente in ogni interazione.

Capitolo 3

Stabilire obiettivi e monitorare le performance

L'importanza di obiettivi chiari nel lavoro remoto

In un ambiente di lavoro remoto, la mancanza di obiettivi chiari può facilmente portare a una perdita di direzione e alla dispersione delle energie. Stabilire obiettivi definiti è essenziale per mantenere il focus del team e per fornire una guida precisa sul "cosa" e il "come" realizzare. Questo capitolo esplora i metodi per definire obiettivi chiari, misurabili e motivanti, utilizzando tecniche che aiutano i collaboratori a mantenere alta la produttività e a raggiungere risultati tangibili.

> *Matteo, responsabile di un team di sviluppo, ha notato che, senza obiettivi chiari, i suoi collaboratori spesso si disperdevano su compiti secondari. Dopo aver stabilito una serie di obiettivi trimestrali, ha potuto dare al team una guida chiara e misurabile, con riscontri positivi in termini di risultati e motivazione.*

Capitolo 3

Tecniche di definizione degli obiettivi: SMART e OKR

Due tecniche efficaci per stabilire obiettivi sono il metodo SMART (Specifico, Misurabile, Attuabile, Realistico, Temporizzato) e il sistema OKR (Objectives and Key Results). Entrambi i metodi aiutano a creare obiettivi ben definiti e misurabili, anche a distanza.

Metodo SMART

Gli obiettivi SMART sono strutturati per essere:

- **Specifici**: Gli obiettivi devono essere chiari e mirati.
- **Misurabili**: È necessario stabilire criteri oggettivi per valutare il successo.
- **Attuabili**: Gli obiettivi devono essere realistici e raggiungibili.
- **Realistici**: Le risorse e le competenze per realizzare l'obiettivo devono essere disponibili.
- **Temporizzati**: Ogni obiettivo deve avere una scadenza definita.

> *Anna, manager di un team di marketing, ha stabilito un obiettivo SMART per il suo team: "Aumentare del 10% il traffico organico sul sito entro il primo trimestre dell'anno, utilizzando strategie SEO mirate".*
> *Questo obiettivo è chiaro, misurabile e ha una scadenza temporale precisa, aiutando il team a orientarsi verso un traguardo concreto.*

Sistema OKR (Objectives and Key Results)

Gli OKR sono una metodologia popolare nelle grandi aziende per mantenere un team allineato su obiettivi strategici più ampi. Con il metodo OKR, ogni obiettivo è affiancato da 3-5 risultati chiave, misurabili e specifici, che indicano i passi necessari per raggiungere l'obiettivo.

> *Carlo, responsabile di un team di assistenza clienti, ha impostato un OKR per migliorare la soddisfazione dei clienti. L'obiettivo è "Aumentare la soddisfazione del cliente del 20% entro fine anno", con risultati chiave come:*

- Ridurre i tempi di attesa del supporto clienti a meno di 5 minuti.
- Risolvere il 75% dei problemi al primo contatto.
- Migliorare il feedback positivo dei clienti del 15%.

Strumenti per monitorare e valutare la performance

Uno dei vantaggi dello smartworking è la possibilità di utilizzare strumenti digitali per monitorare la performance in tempo reale, senza dover fare affidamento su una supervisione diretta. Ecco alcuni strumenti utili:

- ✓ **Software di project management**: Piattaforme come Trello, Asana o Monday permettono di assegnare compiti, tracciare i progressi e ottenere una visione d'insieme delle attività del team.
- ✓ **Dashboard di monitoraggio**: Utilizzare strumenti come PowerBI o Tableau per creare dashboard che raccolgono e visualizzano i KPI (Key Performance Indicators).
- ✓ **Tool di comunicazione e feedback**: Strumenti come Slack e Microsoft Teams permettono di avere check-in rapidi e di ricevere feedback in tempo reale.

Francesca, manager di un team di consulenti, utilizza una dashboard settimanale per monitorare i KPI del team. Ogni lunedì, invia una sintesi dei risultati della settimana precedente, includendo una panoramica dei progetti conclusi e di quelli in corso.
Questo metodo ha aumentato la trasparenza e ha migliorato la produttività del team.

Impostare riunioni di revisione periodiche

Le riunioni di revisione periodiche sono fondamentali per analizzare i progressi e per fare il punto sugli obiettivi raggiunti e su eventuali difficoltà. Questo tipo di riunione può avvenire settimanalmente o mensilmente, a seconda della complessità dei progetti.

- ✓ **Riunioni settimanali di progresso**: Ogni settimana, il team si incontra per discutere i progressi sui progetti in corso. Ogni membro può presentare i propri risultati e ricevere feedback dal resto del gruppo.

Capitolo 3

✓ **Riunioni mensili di allineamento strategico**: Una volta al mese, il team si riunisce per discutere lo stato generale dei progetti e verificare se gli obiettivi prefissati sono ancora allineati alle priorità aziendali.

> *Il team di Riccardo tiene una riunione di revisione ogni venerdì, in cui ogni membro del team aggiorna gli altri sui propri progressi e identifica eventuali ostacoli. Questo incontro offre l'opportunità di fare aggiustamenti e di risolvere i problemi prima che diventino insormontabili.*

Creare una cultura della responsabilità e dell'autonomia

In uno scenario di smartworking, la fiducia e la responsabilità personale sono fondamentali. I manager devono incoraggiare i collaboratori a prendersi carico dei propri obiettivi e risultati, promuovendo una cultura della responsabilità.

Strategie per promuovere la responsabilità

1. **Definizione chiara delle responsabilità**: Ogni membro del team deve sapere quali sono le proprie responsabilità e come contribuisce agli obiettivi generali.
2. **Autonomia nelle decisioni**: Lasciare che i collaboratori prendano decisioni autonome nei limiti delle loro competenze, promuovendo l'iniziativa personale.
3. **Check-in periodici**: Pianificare incontri regolari per monitorare i progressi senza fare micromanagement.

> *Giorgia, team leader di un gruppo di progettazione, ha introdotto una politica di autonomia decisionale: ogni membro del team ha l'autorità di prendere decisioni legate ai propri progetti, purché mantenga i risultati allineati agli obiettivi aziendali.*
> *Questa strategia ha aumentato la motivazione e ha migliorato la performance.*

Utilizzare KPI per una valutazione oggettiva

I Key Performance Indicators (KPI) sono metriche oggettive che permettono di valutare la performance del team in modo imparziale. I KPI sono utili per monitorare i progressi rispetto agli obiettivi e per identificare aree di miglioramento.

Esempi di KPI per il lavoro remoto
- ✓ **Tempo di risposta**: Misura quanto velocemente il team risponde alle richieste dei clienti o agli aggiornamenti interni.
- ✓ **Tasso di completamento dei progetti**: Indica la percentuale di progetti completati entro la scadenza prevista.
- ✓ **Feedback positivo**: Misura il grado di soddisfazione dei clienti interni o esterni.

Il team di assistenza tecnica di Roberto ha introdotto un KPI per monitorare il tempo di risoluzione dei problemi. Grazie a questa metrica, il team è riuscito a ridurre il tempo di risoluzione del 20%, migliorando la soddisfazione dei clienti.

Trasformare gli obiettivi in successo

Stabilire obiettivi chiari e monitorare le performance non è solo una questione di produttività, ma anche di creazione di un ambiente di lavoro che valorizza la crescita e la realizzazione personale. Gli obiettivi offrono una direzione, mentre il monitoraggio costante garantisce che ogni membro del team possa esprimere al meglio il proprio potenziale.

Un bravo manager smart sa che, in un ambiente di lavoro a distanza, la chiarezza e la trasparenza sugli obiettivi sono elementi indispensabili per creare un team coeso, motivato e produttivo. Con una combinazione di strumenti digitali, tecniche di gestione moderna e una comunicazione costante, ogni manager può trasformare i propri obiettivi in risultati concreti e favorire una cultura del successo.

Capitolo 3

Creare un ciclo continuo di valutazione e miglioramento

Per ottenere risultati duraturi, il processo di definizione e monitoraggio degli obiettivi deve essere visto come un ciclo continuo, in cui il manager e il team riflettono regolarmente sui progressi compiuti e individuano le aree di miglioramento. Questo approccio di revisione costante aiuta a mantenere il team allineato agli obiettivi aziendali e a rispondere rapidamente ai cambiamenti.

- ✓ **Revisione trimestrale degli obiettivi**: Ogni trimestre, organizzare una sessione di revisione in cui si analizzano i risultati ottenuti rispetto agli obiettivi prefissati e si stabiliscono nuovi traguardi per il trimestre successivo.
- ✓ **Valutazione dei processi**: Oltre ai risultati, è importante valutare i processi utilizzati per raggiungerli, identificando eventuali inefficienze o miglioramenti possibili.
- ✓ **Feedback continuo**: Incoraggiare ogni membro del team a fornire feedback sui propri obiettivi e su eventuali ostacoli riscontrati.

In un'azienda di consulenza, il team di Giovanni organizza un incontro di revisione trimestrale per riflettere sui progressi e adattare gli obiettivi alle nuove priorità aziendali. Durante questi incontri, ogni collaboratore condivide le proprie esperienze, discutendo dei successi e delle sfide incontrate, creando un ambiente collaborativo e orientato al miglioramento.

Celebrando i risultati e riconoscendo i successi

Il riconoscimento dei successi e delle buone performance è un elemento chiave per mantenere la motivazione del team e costruire un clima di lavoro positivo. Anche a distanza, i manager possono trovare modi creativi per celebrare i traguardi raggiunti.

1. **Riconoscimenti periodici**: Stabilire un momento settimanale o mensile per evidenziare i successi del team, anche piccoli, come il completamento di un progetto o il raggiungimento di un KPI.
2. **Premi virtuali**: Organizzare eventi online per celebrare i risultati più importanti, come una "giornata di ringraziamento" virtuale

in cui ogni membro del team condivide i propri traguardi e riconosce il lavoro dei colleghi.
3. **Messaggi di riconoscimento personalizzati**: Inviare e-mail o messaggi personali ai collaboratori che si sono distinti, specificando i motivi del riconoscimento.

Maria, manager di un team IT, ogni mese organizza una "riunione di celebrazione" in cui ringrazia i membri del team per i risultati ottenuti e condivide una breve presentazione con i traguardi raggiunti.
Questa pratica ha migliorato la motivazione del team e ha creato un ambiente di lavoro positivo e gratificante.

Capitolo 3 - Considerazioni e spunti pratici

Obiettivi chiari e trasparenti per guidare il successo del team remoto

Stabilire obiettivi chiari e trasparenti è essenziale per mantenere il team remoto produttivo, motivato e allineato alla visione aziendale. In assenza della supervisione diretta tipica di un contesto fisico, la definizione di obiettivi ben strutturati permette a ogni membro del team di comprendere il proprio ruolo, di mantenere il focus e di lavorare in autonomia verso traguardi significativi.

1. Obiettivi chiari come guida per l'autonomia e la proattività

Nel lavoro remoto, i collaboratori devono essere in grado di prendere decisioni autonomamente. Obiettivi ben definiti offrono una direzione chiara e consentono a ogni persona di operare in modo proattivo senza dipendere da una supervisione costante. Quando ogni collaboratore sa esattamente cosa ci si aspetta da lui, può pianificare il proprio lavoro e fare scelte che contribuiscono al raggiungimento dei risultati.

2. La trasparenza degli obiettivi come fondamento della fiducia

La trasparenza nella definizione degli obiettivi crea un ambiente di fiducia e di rispetto reciproco. Quando gli obiettivi aziendali sono condivisi apertamente con il team, i collaboratori sentono di essere parte di un progetto più grande e di avere un impatto concreto sul successo dell'organizzazione. La trasparenza rafforza il senso di appartenenza e allinea il team agli stessi obiettivi, creando una base solida per la collaborazione e il supporto reciproco.

3. Gli obiettivi come strumento per misurare e celebrare i successi

Obiettivi chiari e misurabili permettono di monitorare i progressi e di celebrare i successi. Nel lavoro remoto, dove la comunicazione diretta è meno frequente, la possibilità di vedere i risultati concretamente è essenziale per mantenere alta la motivazione. Quando i collaboratori raggiungono un obiettivo, il riconoscimento pubblico dei risultati ottenuti rafforza l'impegno e incoraggia il team a continuare a dare il massimo.

4. La definizione di obiettivi realistici per evitare il burnout

Stabilire obiettivi realistici e raggiungibili è cruciale per evitare il burnout e mantenere un ritmo di lavoro sostenibile. Obiettivi troppo ambiziosi possono generare stress e portare al sovraccarico di lavoro, soprattutto nel contesto remoto, dove la linea tra lavoro e vita personale può facilmente sfumare. I manager devono tenere conto delle risorse disponibili e dei carichi di lavoro individuali, fissando traguardi che siano stimolanti, ma non eccessivamente impegnativi, per garantire il benessere del team.

5. La comunicazione degli obiettivi come fattore di allineamento e coesione

Obiettivi chiaramente comunicati aiutano a mantenere il team allineato e coeso, anche a distanza. Quando tutti i membri del team comprendono la direzione aziendale e come il loro lavoro si inserisce nel quadro complessivo, si crea un senso di coesione che va oltre la distanza fisica. Ogni collaboratore sa di lavorare verso un obiettivo comune e sente di essere parte di un'organizzazione coesa, aumentando l'impegno e la fedeltà al team.

6. Gli obiettivi come opportunità di crescita e sviluppo

Nel lavoro remoto, gli obiettivi non devono essere solo una misura di performance, ma anche una risorsa di crescita per ogni collaboratore. Obiettivi che sfidano le capacità attuali dei collaboratori offrono opportunità di apprendimento e di sviluppo professionale. Un bravo manager sa come impostare obiettivi che stimolino la crescita individuale, permettendo a ciascun membro del team di sviluppare nuove competenze e di evolversi all'interno dell'organizzazione.

7. La flessibilità nel raggiungimento degli obiettivi come fattore di motivazione

Nel lavoro remoto, la possibilità di raggiungere obiettivi con flessibilità – rispettando le tempistiche, ma permettendo autonomia nel processo – rappresenta una grande fonte di motivazione. Quando i collaboratori hanno libertà nel come organizzarsi e sono valutati in base ai risultati anziché al tempo dedicato, possono sfruttare al meglio il proprio potenziale e trovare soluzioni innovative. Questa flessibilità favorisce un approccio creativo e aumenta la soddisfazione del team.

8. La visione condivisa come motore di impegno e resilienza
Gli obiettivi chiari e condivisi aiutano a costruire una visione comune, un elemento fondamentale per mantenere il team motivato e resiliente. Quando il team comprende l'importanza dei propri sforzi e vede il valore del proprio lavoro, è più incline a resistere agli ostacoli e a sostenere un impegno costante anche di fronte a sfide. La visione comune unisce il team e lo rende più forte, creando una cultura aziendale in cui ogni collaboratore è spinto a dare il massimo.

Capitolo 4

Motivare e coinvolgere i team da remoto

L'importanza del coinvolgimento a distanza

Il coinvolgimento è un elemento chiave per mantenere alto il morale del team e per garantire una produttività sostenibile. In un ambiente di lavoro remoto, il coinvolgimento richiede attenzione costante e strategie mirate per mantenere il senso di appartenenza, la fiducia e la motivazione. Un team coinvolto è un team che sente di avere un ruolo attivo nei risultati aziendali e si impegna per raggiungere obiettivi comuni.

> *Sara, manager di un team di assistenza clienti, ha notato che alcuni membri del suo gruppo sembravano meno coinvolti dopo i primi mesi di smartworking. Ha quindi introdotto una serie di attività settimanali di team building e ha incrementato i momenti di riconoscimento e gratitudine.*
> *Questo cambiamento ha portato a un miglioramento del morale e alla riduzione del turnover.*

Capitolo 4

Tecniche di motivazione per il lavoro remoto

Motivare un team a distanza richiede un approccio consapevole e diversificato. Ogni individuo ha diverse motivazioni e risponde a incentivi diversi. Ecco alcune tecniche che i manager possono utilizzare:

1. Riconoscimento e feedback positivo

Il riconoscimento è un potente strumento motivazionale. Essere apprezzati per il proprio lavoro aumenta la soddisfazione personale e stimola l'impegno verso obiettivi futuri.

- ✓ **Feedback immediato**: Fornire feedback positivo immediato dopo un risultato raggiunto, senza aspettare la fine del mese o dell'anno.
- ✓ **Premi virtuali**: Organizzare una cerimonia virtuale di riconoscimento, in cui ogni membro del team riceve un attestato simbolico o una menzione speciale.

> *Luca, manager di un team di sviluppo software, ogni venerdì invia un messaggio di ringraziamento al team per i progressi settimanali, menzionando specificamente chi ha superato le aspettative. Questo semplice gesto ha incrementato il morale del team e ha migliorato la collaborazione.*

2. Obiettivi di crescita personale

Oltre agli obiettivi di lavoro, è importante promuovere lo sviluppo personale di ciascun collaboratore. Un manager può aiutare ogni membro del team a definire i propri obiettivi di crescita, offrendo opportunità di formazione e mentoring.

- ✓ **Piani di sviluppo personale**: Ogni collaboratore può avere un piano di sviluppo personalizzato che preveda corsi, formazione e mentoring.
- ✓ **Sessioni di coaching individuale**: Programmare sessioni di coaching per aiutare i membri del team a lavorare su obiettivi personali.

> *Giulia, una team leader di marketing, ha creato un "Programma di Sviluppo" per ogni membro del team. Ogni mese, dedica del tempo per discutere i progressi verso gli obiettivi personali di*

ciascuno, come lo sviluppo di nuove competenze o l'assunzione di responsabilità in nuovi progetti.

3. Iniziative di team building virtuale

Creare momenti di connessione sociale è fondamentale per un team distribuito. Anche a distanza, è possibile organizzare attività di team building che rinforzano il legame tra i membri del team.

- ✓ **Pause caffè virtuali**: Programmare pause settimanali per conversazioni informali, in cui i membri possono chiacchierare e condividere esperienze personali.
- ✓ **Attività ludiche online**: Organizzare quiz, giochi online, o serate di cinema virtuali per incentivare il relax e la socializzazione.

Il team di Alice organizza un "Happy Hour" virtuale ogni mese, in cui ciascuno porta un drink e condivide un'esperienza divertente.
Questa semplice attività ha creato un clima positivo e ha ridotto il senso di isolamento.

Creare una cultura di fiducia e supporto

Nel lavoro remoto, la fiducia è una componente essenziale. I manager devono creare un ambiente in cui ogni membro del team si senta sicuro di esprimere le proprie idee e di assumersi responsabilità.

Strategie per costruire la fiducia

- ✓ **Comunicazione trasparente**: Condividere regolarmente informazioni importanti sui progetti e sugli obiettivi aziendali aiuta a costruire un clima di trasparenza.
- ✓ **Empatia e ascolto attivo**: Un manager che ascolta e comprende le esigenze dei collaboratori promuove un senso di supporto e di accoglienza.

Stefano, manager di un team di consulenza, dedica mezz'ora ogni settimana a una sessione di ascolto individuale per ciascun membro del team.
Questo momento aiuta ogni collaboratore a sentirsi apprezzato e valorizzato.

Capitolo 4

Incentivare l'autonomia e la creatività

Lavorare in smartworking offre opportunità uniche per incentivare l'autonomia e la creatività. I manager devono incoraggiare il team a essere proattivo, a trovare soluzioni innovative e a sentirsi responsabilizzato nel proprio ruolo.

Come promuovere autonomia e creatività
- ✓ **Delegare responsabilità**: Affidare ai membri del team la responsabilità di progetti specifici, consentendo loro di prendere decisioni in autonomia.
- ✓ **Spazi per il brainstorming virtuale**: Organizzare sessioni di brainstorming per promuovere idee nuove e originali.

> *Marco, team leader in un'agenzia di design, organizza un "Creative Thursday" in cui ogni membro del team presenta un'idea per migliorare il processo creativo.*
> *Questo appuntamento ha aumentato il coinvolgimento e ha generato numerose idee innovative.*

Monitoraggio del benessere e prevenzione del burnout

Il benessere psicofisico dei collaboratori è una priorità nel lavoro da remoto. Il manager deve monitorare il benessere del team e attuare iniziative per prevenire il burnout.

- ✓ **Check-in di benessere**: Pianificare check-in settimanali per discutere il carico di lavoro e l'equilibrio tra vita privata e lavoro.
- ✓ **Accesso a risorse di supporto**: Offrire accesso a risorse di supporto come corsi di mindfulness o consulenze psicologiche.

> *Valentina, responsabile di un team di project management, ha introdotto delle "pause benessere" settimanali, invitando ogni membro a dedicare mezz'ora al proprio relax.*
> *Questa iniziativa ha contribuito a migliorare l'equilibrio vita-lavoro e ha ridotto il livello di stress.*

Leadership emotiva: ascolto e supporto empatico

Una leadership efficace nel lavoro remoto richiede sensibilità emotiva e capacità di ascolto attivo. Un manager che si mostra empatico crea un ambiente di fiducia e valorizza il contributo di ciascuno, dando al team un senso di supporto che va oltre le semplici competenze tecniche.

- ✓ **Supporto empatico**: Dimostrare comprensione e pazienza, soprattutto in periodi di alta pressione o cambiamenti personali per i collaboratori.
- ✓ **Attenzione ai segnali di stress**: Saper riconoscere segni di stress e di affaticamento e intervenire tempestivamente per prevenire il burnout.

> *Giorgio, manager di un team di ricerca, ha imparato a riconoscere i segnali di stanchezza nel suo team. In situazioni di stress, organizza brevi pause e offre supporto personale, mostrando un'attenzione autentica per il benessere dei suoi collaboratori.*

Creare e mantenere ritualità nel team

I rituali aziendali, come incontri settimanali o eventi mensili, possono aiutare a creare un senso di stabilità e coesione all'interno di un team remoto. Questi rituali diventano appuntamenti attesi, che aiutano i membri del team a sentirsi parte di un gruppo coeso.

- ✓ **Rituale del check-in Settimanale**: Un breve incontro settimanale in cui tutti condividono i propri progressi e obiettivi per la settimana.
- ✓ **"Pause virtuali"**: Un momento mensile dedicato a un'attività non lavorativa, come una pausa caffè o un quiz online, per incentivare la socializzazione.

> *Il team di Francesco ha istituito una "Colazione del Venerdì" virtuale, dove i membri del team si collegano per un incontro informale di 15 minuti.*
> *Questo appuntamento costante ha contribuito a creare un clima di familiarità e appartenenza.*

Capitolo 4 - Considerazioni e spunti pratici

Motivare e coinvolgere i team remoti per un successo duraturo

Motivare e coinvolgere i team remoti è una sfida complessa, ma essenziale per creare un ambiente di lavoro positivo e produttivo. L'assenza di interazioni faccia a faccia richiede un impegno costante per mantenere viva la connessione, la motivazione e l'entusiasmo dei collaboratori. In un contesto di lavoro a distanza, i manager devono fare affidamento su strumenti e strategie innovative per coltivare l'engagement e il senso di appartenenza del team, creando una cultura di collaborazione e supporto reciproco.

1. L'importanza del coinvolgimento come base per la produttività
Il coinvolgimento è il motore della produttività nel lavoro remoto. Quando i collaboratori si sentono connessi alla missione aziendale e ai valori del team, sono più propensi a impegnarsi, a dare il meglio e a superare le difficoltà. Il coinvolgimento va oltre il semplice raggiungimento degli obiettivi: è un fattore che influisce profondamente sulla qualità del lavoro, sulla soddisfazione professionale e sulla volontà di contribuire al successo comune.

2. La motivazione come chiave per il benessere del team
Mantenere alto il morale è essenziale per il benessere psicofisico dei collaboratori. Un team motivato è un team resiliente, capace di affrontare le sfide e di sostenere un ritmo di lavoro sostenibile. La motivazione aiuta i collaboratori a trovare un significato nel proprio lavoro, a sentirsi valorizzati e a percepire che stanno contribuendo a un progetto importante. Investire nella motivazione non è solo una strategia per incrementare la produttività, ma anche un mezzo per migliorare il benessere e la qualità della vita dei collaboratori.

3. Il ruolo del manager come facilitator del coinvolgimento
Nel lavoro remoto, il manager ha un ruolo fondamentale nel mantenere il team coinvolto e motivato. Il manager diventa un facilitatore del successo, che ascolta i bisogni del team, rimuove ostacoli e crea un ambiente in cui ogni collaboratore si sente libero di esprimersi e di contribuire. Un buon manager sa che ogni membro del team ha

motivazioni diverse e che per coinvolgere tutti è necessario adottare un approccio flessibile e adattivo. L'empatia, l'ascolto e il supporto attivo diventano strumenti indispensabili per costruire relazioni di fiducia e coesione.

4. La comunicazione aperta come fondamento dell'engagement
Una comunicazione chiara, aperta e costante è il cuore dell'engagement. Quando i collaboratori sono informati sugli obiettivi, sui progressi e sui cambiamenti aziendali, si sentono parte di un progetto più grande e trovano un senso di stabilità e di fiducia. Nel lavoro remoto, è fondamentale adottare strumenti di comunicazione che facilitino il dialogo e l'interazione tra i membri del team, permettendo a tutti di rimanere connessi anche a distanza. Creare momenti di confronto e di ascolto reciproco contribuisce a costruire una cultura di trasparenza e partecipazione.

5. Favorire la collaborazione e l'inclusività come principi guida
Nel lavoro remoto, il senso di appartenenza può risentire della distanza fisica. Per questo è importante creare un ambiente inclusivo in cui ogni collaboratore si senta benvenuto e valorizzato. La collaborazione non solo migliora i risultati del team, ma rafforza i legami tra i membri, creando un clima di sostegno reciproco. Ogni manager deve impegnarsi a promuovere l'inclusività e a favorire la partecipazione di tutti, assicurandosi che ogni voce venga ascoltata e che ogni contributo venga apprezzato. Quando i collaboratori percepiscono che la loro diversità è considerata un valore aggiunto, si sentono parte integrante del team e della cultura aziendale.

6. Il team building come elemento di coesione e motivazione
Le attività di team building, anche se virtuali, svolgono un ruolo cruciale nel mantenere viva la coesione e la motivazione del team. In un contesto remoto, è importante creare momenti di interazione informale che permettano ai collaboratori di conoscersi meglio e di costruire relazioni basate sulla fiducia e sulla complicità. Il team building contribuisce a ridurre il senso di isolamento, a migliorare la comunicazione e a creare un ambiente di lavoro positivo e stimolante. Ogni attività di team building è un'opportunità per rafforzare il legame tra i membri e per ricordare loro che fanno parte di una comunità che li sostiene.

7. La motivazione continua come vantaggio competitivo

Una motivazione costante è un vantaggio competitivo per l'azienda. Quando il team è motivato e coinvolto, non solo lavora in modo più produttivo, ma rappresenta anche un'immagine positiva dell'azienda verso l'esterno. Un team motivato e soddisfatto è un team che riesce a trasmettere entusiasmo e passione anche ai clienti e agli stakeholder, contribuendo a costruire una reputazione solida e credibile per l'organizzazione. La motivazione diventa quindi una risorsa strategica, che non solo migliora i risultati interni, ma rafforza anche l'immagine dell'azienda sul mercato.

8. Creare un ambiente di lavoro sostenibile e resiliente

Un ambiente di lavoro remoto sostenibile è un ambiente in cui i collaboratori possono mantenere un equilibrio tra vita privata e lavoro, senza sentirsi sopraffatti dalle richieste o dal carico di lavoro. La motivazione e il coinvolgimento non devono portare al burnout: è importante che i manager monitorino il benessere del team e che promuovano pratiche di lavoro sane e bilanciate. Un team resiliente è un team che sa gestire le sfide senza compromettere il proprio benessere, e la costruzione di un ambiente di lavoro sostenibile è la chiave per un successo duraturo.

Capitolo 5

Gestione del tempo e delle priorità nel lavoro remoto

Perché la gestione del tempo è cruciale nel lavoro remoto

La gestione del tempo nel lavoro da remoto è fondamentale per garantire la produttività e prevenire il burnout. Quando lavoriamo da casa o in un ambiente diverso dall'ufficio, può essere più difficile separare la vita personale da quella professionale, e questo porta spesso a una sovrapposizione tra gli impegni di lavoro e quelli privati. Un'efficace gestione del tempo permette di mantenere un equilibrio sano e di svolgere i compiti in modo efficiente.

> *Paola, una project manager, si è resa conto che lavorare da casa la portava a rispondere a e-mail anche la sera tardi. Ha quindi deciso di stabilire una routine con orari di lavoro chiari e di non accedere più alla posta elettronica dopo le 18.*
> *Questo cambiamento le ha permesso di migliorare il proprio benessere e di lavorare in modo più focalizzato.*

Capitolo 5

Strategie di pianificazione del tempo

Un buon sistema di pianificazione consente di visualizzare e organizzare le attività giornaliere, settimanali e mensili, assegnando il tempo giusto a ogni compito. Tra le tecniche più utilizzate troviamo:

1. Tecnica del blocco di tempo
La tecnica del blocco di tempo prevede la suddivisione della giornata in blocchi temporali dedicati a specifiche attività. Ogni blocco ha un focus definito e non deve essere interrotto per garantire la massima produttività.

- ✓ **Blocco per attività focalizzate**: Dedica blocchi di tempo alle attività che richiedono una forte concentrazione, come la scrittura di report o l'analisi dei dati.
- ✓ **Blocco per e-mail e comunicazioni**: Riserva momenti specifici della giornata per gestire e rispondere alle e-mail, evitando di controllare la posta costantemente.

> *Marco, un analista finanziario, ha implementato il blocco di tempo per evitare interruzioni costanti. Ogni mattina dedica due ore al lavoro analitico senza controllare la posta, e solo in tarda mattinata si occupa delle comunicazioni.*
> *Questo approccio ha aumentato la sua produttività del 20%.*

2. Metodo "Pomodoro"
Il metodo Pomodoro consiste nel lavorare per intervalli di 25 minuti seguiti da una breve pausa. Dopo quattro intervalli, si prende una pausa più lunga. Questo metodo è particolarmente utile per evitare il sovraccarico e mantenere alta la concentrazione.

> *Chiara, una sviluppatrice software, usa il metodo Pomodoro per mantenere alta la concentrazione senza esaurirsi. Dopo ogni pomodoro, si concede una pausa di 5 minuti per rilassarsi, e alla fine del ciclo prende una pausa di 15-20 minuti.*
> *Questo approccio le permette di completare i progetti senza stress e con una maggiore qualità.*

3. Pianificazione settimanale e obiettivi a breve termine

La pianificazione settimanale permette di visualizzare le attività principali della settimana e di allinearle agli obiettivi. Questo metodo aiuta a rimanere concentrati sulle priorità e a evitare distrazioni.

- ✓ **Lista delle priorità**: Ogni inizio settimana, creare una lista delle attività più importanti da completare entro venerdì.
- ✓ **Revisione settimanale**: Il venerdì, rivedere le attività completate e pianificare eventuali aggiustamenti per la settimana successiva.

Laura, responsabile di un team di vendite, dedica il lunedì mattina alla pianificazione settimanale. Compila una lista di obiettivi chiave e di attività prioritarie, che poi rivede ogni venerdì per monitorare i progressi.
Questo approccio ha migliorato la produttività del team e ha ridotto le riunioni inutili.

Strumenti per la gestione del tempo

Utilizzare gli strumenti giusti può fare una grande differenza nella gestione del tempo, soprattutto in un contesto di lavoro remoto. Ecco alcuni degli strumenti più efficaci:

- ✓ **Calendari online**: Strumenti come Google Calendar o Outlook permettono di pianificare e gestire gli impegni quotidiani, impostando promemoria per blocchi di tempo e riunioni.
- ✓ **App di time tracking**: Applicazioni come Toggl o RescueTime consentono di monitorare come si utilizza il tempo, identificando eventuali distrazioni.
- ✓ **Gestione delle attività**: Piattaforme come Trello, Asana e Monday aiutano a visualizzare le attività in corso e a tracciare i progressi.

Alessandro, un consulente, utilizza Trello per tenere traccia dei suoi progetti e Toggl per monitorare il tempo che dedica a ciascun cliente. Con questo sistema, è in grado di gestire più clienti contemporaneamente, senza rischiare di perdere di vista le priorità.

Capitolo 5

Come stabilire le priorità nel lavoro remoto

Stabilire le priorità nel lavoro remoto è essenziale per evitare di disperdere le energie su attività poco rilevanti. Il metodo ABCDE e la matrice di Eisenhower sono due tecniche di prioritizzazione che permettono di organizzare le attività in base alla loro importanza e urgenza.

1. Metodo ABCDE

Questo metodo classifica le attività in cinque categorie, da A a E, in base alla loro priorità:

A: Attività molto importanti che devono essere completate subito.

B: Attività importanti, ma che possono essere completate dopo quelle di livello A.

C: Attività che sarebbe utile completare, ma non urgenti.

D: Attività delegabili ad altri membri del team.

E: Attività eliminabili o procrastinabili.

> *Elena, manager di un team di assistenza, utilizza il metodo ABCDE per suddividere le richieste in arrivo. Le attività di livello A vengono risolte subito, mentre quelle di livello D vengono assegnate ai membri junior.*
> *Questo sistema ha ridotto i tempi di risposta e migliorato la soddisfazione dei clienti.*

2. La Matrice di Eisenhower

La matrice di Eisenhower è uno strumento che suddivide le attività in quattro quadranti, in base alla loro urgenza e importanza. Questo permette di identificare rapidamente le attività su cui concentrarsi.

- **Quadrante 1**: Urgente e importante – da fare subito.
- **Quadrante 2**: Importante, ma non urgente – da pianificare.
- **Quadrante 3**: Urgente, ma non importante – da delegare.
- **Quadrante 4**: Non urgente e non importante – da eliminare.

> *Francesca, direttrice di un team di marketing, utilizza la matrice di Eisenhower per valutare le priorità del team ogni lunedì. Le*

Capitolo 5

> *attività di Quadrante 1 sono completate prima, mentre quelle di Quadrante 2 sono inserite in un piano settimanale.*
> *Questo approccio ha migliorato la produttività del team e ha ridotto il sovraccarico.*

Strategie per ridurre le distrazioni e mantenere la concentrazione

Le distrazioni sono un problema comune nel lavoro remoto, e possono compromettere la produttività. Ecco alcune strategie per mantenere la concentrazione e ridurre le interruzioni:

- ✓ **Gestione delle notifiche**: Disattivare le notifiche non essenziali e impostare momenti specifici della giornata per controllare la posta.
- ✓ **Creare uno spazio di lavoro dedicato**: Avere uno spazio fisico dedicato esclusivamente al lavoro aiuta a separare la sfera professionale da quella privata.
- ✓ **Tecniche di mindfulness**: Praticare la mindfulness o fare brevi pause di rilassamento per mantenere alta la concentrazione.

> *Roberto, un designer, ha iniziato a utilizzare la modalità "Non disturbare" durante i suoi blocchi di lavoro più intensi e ha creato un piccolo spazio ufficio in casa. Questa modifica ha migliorato la sua produttività e gli ha permesso di gestire meglio il proprio tempo.*

Capitolo 5 - *Considerazioni e spunti pratici*

Gestione del tempo e delle priorità come fondamento del successo nel lavoro remoto

Gestire il tempo e stabilire le priorità nel lavoro remoto sono abilità fondamentali per mantenere la produttività, il benessere e l'equilibrio tra lavoro e vita privata. In un contesto in cui le distrazioni sono maggiori e la supervisione diretta è minore, il successo individuale e di team dipende in gran parte dalla capacità di ciascun collaboratore di pianificare il proprio tempo e di concentrarsi sugli obiettivi che contano di più.

1. La gestione del tempo come strumento di autonomia e responsabilità
Nel lavoro remoto, ogni collaboratore è chiamato a gestire il proprio tempo in modo responsabile, senza una supervisione costante. La capacità di pianificare e di rispettare i tempi è essenziale per consolidare l'autonomia e dimostrare il proprio valore. Quando le persone sanno gestire il proprio tempo, sviluppano una maggiore fiducia nelle proprie capacità e si sentono più motivate, contribuendo al successo complessivo del team. La gestione autonoma del tempo è quindi un vantaggio non solo per il singolo, ma anche per l'organizzazione, che beneficia di un team coeso e affidabile.

2. Creare una cultura della prioritizzazione per evitare il sovraccarico
La cultura della prioritizzazione è cruciale per mantenere un ambiente di lavoro sostenibile, soprattutto quando si lavora a distanza e si è esposti a continui input digitali. Insegnare ai collaboratori a distinguere tra attività essenziali e secondarie, e a gestire le urgenze senza rinunciare alla qualità del lavoro, è fondamentale per prevenire il sovraccarico e il burnout. Una cultura che valorizza le priorità permette al team di concentrarsi sugli obiettivi che hanno un impatto reale, aumentando la produttività e riducendo lo stress.

3. Il Ruolo della flessibilità nella gestione del tempo
La flessibilità è uno dei maggiori vantaggi del lavoro remoto, ma richiede anche una disciplina strutturata. Una gestione del tempo flessibile, con orari personalizzati e pause adattate ai bisogni individuali, permette ai

collaboratori di trovare il proprio ritmo e di organizzarsi in base alle proprie energie. Questo approccio migliora la qualità del lavoro e il benessere generale, ma solo se accompagnato da una pianificazione rigorosa. Ogni collaboratore deve imparare a equilibrare la libertà di gestire il proprio tempo con la responsabilità di rispettare le scadenze e mantenere alta la qualità del lavoro.

4. La Pianificazione come strumento di riduzione dello stress
Nel lavoro remoto, la mancanza di contatto fisico e di un supporto diretto può creare un senso di isolamento e di ansia legato alle performance. Una buona pianificazione, che suddivide i compiti in blocchi di tempo e stabilisce una routine organizzata, aiuta a ridurre lo stress e a mantenere la concentrazione. Creare una routine prevedibile offre una sensazione di controllo sulle attività quotidiane, rendendo il lavoro più gestibile e meno pressante. La pianificazione diventa quindi uno strumento di benessere psicologico, che permette ai collaboratori di sentirsi al sicuro anche nei periodi di lavoro più intenso.

5. Gestire il tempo come opportunità di crescita e apprendimento
Ogni difficoltà nel gestire il tempo è anche un'opportunità di crescita e di sviluppo di nuove competenze. Nel lavoro remoto, dove le sfide legate alla gestione del tempo possono essere accentuate, ogni collaboratore ha l'opportunità di migliorare le proprie abilità organizzative, imparando a delegare, a utilizzare strumenti di monitoraggio del tempo e a perfezionare la propria capacità di concentrazione. Una gestione del tempo efficace può trasformarsi in una competenza preziosa che avvantaggia il collaboratore non solo nel lavoro attuale, ma anche in futuro, permettendogli di affrontare compiti complessi con maggiore efficienza.

6. La Comunicazione delle priorità come elemento di coesione del team
La gestione delle priorità e del tempo non è solo un fattore individuale, ma anche un'opportunità per migliorare la coesione e l'allineamento all'interno del team. Quando ogni collaboratore comunica le proprie priorità e rispetta quelle degli altri, si crea un ambiente di collaborazione e di rispetto reciproco. La trasparenza sulle scadenze e sui compiti aiuta a evitare conflitti e a distribuire il carico di lavoro in modo equo, favorendo un clima di cooperazione e solidarietà.

7. Bilanciare le prestazioni con il benessere

Un bravo manager sa che la produttività sostenibile è raggiungibile solo attraverso un equilibrio tra le prestazioni e il benessere. È fondamentale che i collaboratori imparino a gestire il proprio tempo non solo per massimizzare i risultati, ma anche per mantenere un equilibrio tra vita professionale e privata. Quando il benessere viene valorizzato come parte integrante della gestione del tempo, il team è più motivato e meno incline al burnout, contribuendo a una performance elevata e costante nel tempo.

8. La gestione del tempo come vantaggio competitivo

Infine, una gestione del tempo efficace è un vantaggio competitivo, sia a livello individuale che aziendale. I collaboratori che sanno pianificare e gestire le proprie priorità sono più produttivi, concentrati e resilienti. Questo si riflette in un team che riesce a raggiungere risultati significativi con efficienza, offrendo un servizio o prodotto di alta qualità. In un mercato sempre più competitivo, la capacità di gestire il tempo e le priorità rappresenta un valore aggiunto per l'azienda, che può così differenziarsi grazie a un team organizzato e orientato ai risultati.

Capitolo 6

Costruire e mantenere la cultura aziendale nel lavoro remoto

L'importanza della cultura aziendale nel lavoro a distanza

La cultura aziendale è l'insieme dei valori, delle pratiche e dei comportamenti condivisi che danno un'identità all'organizzazione. In un ambiente di lavoro remoto, mantenere una cultura aziendale forte e coesa è essenziale per promuovere il senso di appartenenza, l'identificazione con la missione aziendale e l'impegno verso obiettivi comuni. La cultura aziendale è il collante che tiene insieme i membri del team, anche quando lavorano in luoghi e contesti diversi.

> *In un'azienda tecnologica, il CEO ha deciso di rafforzare la cultura aziendale creando "momenti culturali" settimanali: incontri virtuali dedicati alla condivisione dei successi aziendali e personali dei dipendenti.*
> *Questo ha permesso ai collaboratori di sentirsi coinvolti e parte di una comunità, anche a distanza.*

Capitolo 6

Definire i valori aziendali e comunicarli

Per costruire una cultura solida nel lavoro remoto, il primo passo è avere una chiara definizione dei valori aziendali e comunicare questi valori in modo coerente. I valori fungono da guida per le decisioni aziendali e per le interazioni tra i membri del team.

1. Identificare i valori fondamentali

I valori aziendali devono essere autentici e rappresentare l'identità dell'organizzazione. Devono essere pochi, chiari e rilevanti per il contesto aziendale. È importante coinvolgere il team nel processo di definizione dei valori per garantire che siano sentiti e condivisi.

- ✓ **Esempi di valori**: Innovazione, collaborazione, responsabilità, inclusività.
- ✓ **Integrazione dei valori nella comunicazione**: Inserire i valori in ogni comunicazione ufficiale, come riunioni aziendali o newsletter, e promuoverli attivamente nelle attività quotidiane.

In una startup, il valore della "trasparenza" è centrale: ogni mese, il CEO tiene un incontro aperto in cui condivide lo stato dell'azienda, i successi e le sfide.
Questo approccio ha contribuito a creare un ambiente di fiducia e a promuovere la trasparenza tra i dipendenti.

2. Comunicazione visiva e simbolica dei valori

La comunicazione visiva dei valori aziendali aiuta a rafforzare la cultura aziendale, rendendo i valori visibili e riconoscibili in ogni interazione.

- ✓ **Iconografia aziendale**: Creare simboli visivi per rappresentare i valori e utilizzarli su piattaforme aziendali, presentazioni o canali di comunicazione.
- ✓ **Messaggi chiave**: Inserire i valori aziendali sotto forma di slogan o messaggi chiave che vengano ripetuti nelle comunicazioni ufficiali.

Una multinazionale ha creato un set di icone che rappresentano i valori aziendali, utilizzate nelle riunioni, nei messaggi e nelle email interne. I dipendenti possono riconoscere immediatamente

Capitolo 6

> *i valori, associandoli a un'immagine specifica, e questo aiuta a mantenere una cultura aziendale forte e presente.*

Favorire le interazioni sociali e il team building

Le interazioni sociali e le attività di team building sono fondamentali per mantenere un buon clima aziendale e un forte senso di appartenenza. Nel lavoro remoto, i manager devono essere creativi e pianificare momenti sociali che mantengano viva la cultura aziendale.

1. Creare ritualità nel team

I rituali aziendali sono fondamentali per mantenere il senso di stabilità e continuità. Nel lavoro remoto, i rituali aiutano a creare un ritmo e un legame tra i membri del team, favorendo la coesione e l'appartenenza.

- ✓ **Incontro settimanale di Team**: Organizzare un incontro informale ogni settimana, dove ogni membro del team può condividere i propri successi e sfide.
- ✓ **"Pause culturali"**: Creare momenti dedicati alla cultura aziendale, come sessioni di apprendimento su argomenti di interesse comune, o momenti di riflessione sui valori aziendali.

> *Un'azienda di consulenza ha introdotto il "Martedì dei Valori": ogni martedì, il team dedica 10 minuti a discutere un valore aziendale e a raccontare un esempio concreto che lo rappresenta.*
> *Questa pratica ha migliorato l'allineamento e ha fatto sentire i dipendenti più vicini alla cultura aziendale.*

2. Organizzare attività di team building virtuali

Anche a distanza, le attività di team building possono aiutare a creare connessioni personali tra i membri del team, rafforzando il legame e la collaborazione.

- ✓ **Quiz e giochi online**: Attività come quiz aziendali o giochi di gruppo rafforzano il senso di squadra e stimolano la creatività.
- ✓ **Challenge aziendali**: Creare sfide settimanali o mensili che coinvolgano tutto il team e riflettano i valori aziendali.

Capitolo 6

> *Un'azienda di marketing organizza ogni mese una "serata cinema virtuale" in cui i membri del team votano un film da guardare insieme. Dopo la visione, si apre una discussione informale.*
> *Questa attività ha aiutato a creare un clima di amicizia e supporto reciproco.*

Strumenti per monitorare e rafforzare la cultura aziendale

Utilizzare strumenti digitali per monitorare la cultura aziendale e raccogliere feedback è fondamentale per identificare punti di forza e aree di miglioramento.

1. Sondaggi periodici

I sondaggi di clima aziendale sono uno strumento utile per misurare il grado di soddisfazione e di identificazione dei dipendenti con i valori aziendali. I sondaggi possono essere realizzati trimestralmente o semestralmente e devono essere strutturati in modo da ottenere un feedback sincero e utile.

- ✓ **Sondaggi anonimi**: Gli strumenti di sondaggi anonimi come Google Forms o SurveyMonkey permettono di raccogliere feedback autentico e senza influenze.
- ✓ **Domande specifiche sui valori**: Includere domande dirette sui valori aziendali, chiedendo ai dipendenti se si sentono allineati con questi e se trovano utile la comunicazione della cultura aziendale.

> *Una società IT utilizza sondaggi trimestrali per valutare l'allineamento culturale dei team. I risultati sono analizzati dall'HR, che poi condivide con i manager i punti di miglioramento, favorendo un adattamento continuo della cultura aziendale.*

2. Sistemi di feedback continuo

I feedback regolari consentono di monitorare il clima aziendale e intervenire tempestivamente in caso di difficoltà o cambiamenti. I manager possono implementare sistemi di feedback continuo, dove i

Capitolo 6

dipendenti possono esprimere la propria opinione su temi legati alla cultura aziendale.

- ✓ **Canali di feedback aperto**: Creare canali su Slack o Teams per il feedback continuo, in cui i dipendenti possano lasciare suggerimenti o commenti.
- ✓ **Check-in periodici**: Ogni mese o trimestre, i manager possono programmare check-in per raccogliere feedback specifici sui valori aziendali e sulla cultura del team.

> *Un'azienda di consulenza ha creato un canale dedicato al feedback anonimo su Microsoft Teams, dove i collaboratori possono condividere le loro opinioni senza timore.*
> *Questo canale ha permesso di identificare e risolvere tempestivamente situazioni che avrebbero potuto minare la cultura aziendale.*

Promuovere la diversità e l'inclusività

Una cultura aziendale forte è inclusiva e promuove la diversità. Questo crea un ambiente di lavoro rispettoso e stimolante, dove ogni collaboratore si sente valorizzato.

- ✓ **Creare iniziative di inclusività**: Organizzare incontri e attività che promuovano la consapevolezza culturale e il rispetto delle diversità.
- ✓ **Politiche di inclusività**: Implementare politiche che assicurino pari opportunità per tutti i collaboratori, indipendentemente dalla loro provenienza.

> *In una società multinazionale, il dipartimento HR organizza mensilmente eventi virtuali in cui ogni dipendente può condividere la propria cultura o celebrare una festività nazionale.*
> *Questo ha migliorato la comprensione interculturale e ha creato un ambiente di lavoro più inclusivo.*

Capitolo 6 - *Considerazioni e spunti pratici*

Mantenere la cultura aziendale viva e attiva

Nel lavoro remoto, la cultura aziendale svolge un ruolo fondamentale nel mantenere il gruppo di lavoro coeso, motivato e allineato ai valori e agli obiettivi aziendali. La distanza fisica rende più difficile costruire e mantenere una cultura solida, ma con il giusto impegno e le strategie adeguate, la cultura aziendale può diventare un potente elemento di stabilità e un collante per il successo a lungo termine.

1. La cultura aziendale come bussola

In un contesto di lavoro remoto, i collaboratori non hanno sempre il manager al proprio fianco per ricevere indicazioni immediate o risolvere dubbi. La cultura aziendale, con i suoi valori e principi, diventa una bussola che guida il comportamento di ogni collaboratore. Quando i valori aziendali sono ben radicati e promossi costantemente, ogni membro del team può fare riferimento a essi per prendere decisioni e agire in modo allineato alla visione aziendale. La cultura diventa così una risorsa che orienta il team, favorendo coerenza e armonia.

2. La cultura aziendale come fattore motivazionale e di retention

Una cultura aziendale solida è un fattore motivazionale che può fare la differenza nella vita lavorativa dei collaboratori. Quando le persone sentono di appartenere a un'organizzazione con valori autentici e condivisi, sviluppano un senso di orgoglio e di appartenenza che le spinge a dare il meglio di sé. Questo diventa un vantaggio anche in termini di retention: una cultura aziendale positiva e inclusiva favorisce la lealtà e riduce il turnover, contribuendo a mantenere un team stabile e motivato nel lungo periodo.

3. Il ruolo dei manager nel far vivere la cultura aziendale

I manager giocano un ruolo chiave nel mantenere viva la cultura aziendale, soprattutto a distanza. Non si tratta solo di trasmettere valori e regole, ma di incarnare essi stessi i valori aziendali, diventando modelli di comportamento per il team. Attraverso azioni quotidiane, comportamenti coerenti e attenzione alla comunicazione, i manager contribuiscono a rendere i valori aziendali tangibili. Ogni interazione con il team, ogni feedback e ogni decisione rappresentano un'opportunità per

Capitolo 6

rafforzare la cultura aziendale e per trasmettere il messaggio che quei valori non sono solo parole, ma parte integrante della vita aziendale.

4. La cultura aziendale come base di inclusività e diversità
Una cultura aziendale forte è inclusiva, promuove la diversità e valorizza le differenze. In un contesto remoto, è ancora più importante promuovere l'inclusività per evitare che le persone si sentano isolate o escluse. Creare un ambiente in cui ciascun collaboratore si senta ascoltato e rispettato è essenziale per il benessere del team e per favorire un clima di lavoro positivo e stimolante. L'inclusività non è solo una questione di equità, ma un fattore che arricchisce l'organizzazione, portando prospettive diverse, idee innovative e soluzioni creative.

5. La cultura aziendale come sostegno al benessere e alla resilienza
In un'epoca di trasformazioni rapide e cambiamenti, la cultura aziendale può essere una fonte di resilienza per i collaboratori. Quando le persone condividono una cultura aziendale forte, trovano supporto e motivazione per affrontare sfide e momenti difficili. I valori aziendali possono aiutare a mantenere la motivazione anche nei periodi di incertezza e a ricordare al team che fanno parte di un progetto comune, di una comunità che li sostiene e li valorizza.

6. La cultura aziendale come strumento di innovazione e proattività
Una cultura aziendale che promuove la fiducia e l'autonomia stimola la creatività e la proattività dei collaboratori. Quando il team si sente supportato, è più incline a sperimentare nuove idee e ad assumersi responsabilità per innovare e migliorare i processi. In un contesto di lavoro remoto, questo aspetto è cruciale: creare un ambiente culturale che incoraggi l'innovazione permette ai collaboratori di portare contributi unici e di far crescere l'azienda, anche senza una supervisione diretta. La cultura aziendale diventa così una leva per la crescita e il miglioramento continuo.

7. Favorire la coesione e il senso di appartenenza a distanza
Nel lavoro remoto, dove le interazioni spontanee sono ridotte, la cultura aziendale agisce come un ponte che unisce il team. Creare rituali e momenti di condivisione diventa fondamentale per rafforzare il senso di appartenenza, permettendo ai collaboratori di sentirsi parte di qualcosa di più grande. Attraverso attività di team building, canali di comunicazione

informale e celebrazioni dei successi, i manager possono mantenere vivo il legame tra i membri del team, favorendo un ambiente di lavoro positivo e coeso.

8. La cultura aziendale come fattore di vantaggio competitivo
Infine, una cultura aziendale ben definita e vissuta rappresenta un vantaggio competitivo per l'organizzazione. In un mercato in cui il talento è conteso, un'azienda con una cultura inclusiva, innovativa e motivante riesce ad attrarre i migliori talenti e a mantenere il proprio team motivato e leale. La cultura aziendale diventa così una forza che non solo sostiene la produttività interna, ma contribuisce anche a costruire una reputazione solida e attraente all'esterno, rafforzando il brand aziendale e migliorando le relazioni con i clienti e gli stakeholder.

Capitolo 7

Gestione della performance e valutazione dei risultati nel lavoro remoto

L'importanza di una valutazione equa e oggettiva

Nel lavoro remoto, la valutazione delle performance richiede un approccio diverso rispetto alla gestione tradizionale. La distanza fisica rende difficile osservare i progressi quotidiani, quindi è essenziale stabilire criteri di valutazione chiari, basati su risultati e obiettivi misurabili. Una valutazione equa e trasparente rafforza la fiducia nel team e motiva i collaboratori a migliorare costantemente.

> *Marta, manager di un team di vendite, ha scoperto che alcuni membri del team si sentivano demotivati perché il lavoro remoto rendeva difficile monitorare i loro progressi. Ha quindi implementato un sistema di valutazione basato su obiettivi settimanali, che ha migliorato la trasparenza e motivato il team a concentrarsi sui risultati chiave.*

Stabilire obiettivi misurabili e raggiungibili

La gestione della performance nel lavoro remoto si basa su obiettivi chiari e misurabili. Ogni collaboratore deve sapere quali sono gli obiettivi

Capitolo 7

attesi e come il loro lavoro contribuisce agli obiettivi generali dell'azienda.

1. Obiettivi SMART

Gli obiettivi SMART (Specifico, Misurabile, Attuabile, Realistico, Temporizzato) sono ideali per garantire che ciascun collaboratore abbia una chiara comprensione delle aspettative.

- ✓ **Specifico**: L'obiettivo deve essere ben definito.
- ✓ **Misurabile**: Deve includere criteri oggettivi per valutare il successo.
- ✓ **Attuabile**: L'obiettivo deve essere realistico e raggiungibile con le risorse disponibili.
- ✓ **Realistico**: L'obiettivo deve essere in linea con le competenze e i mezzi del collaboratore.
- ✓ **Temporizzato**: Ogni obiettivo deve avere una scadenza chiara.

> *"Aumentare del 10% il numero di lead qualificati entro il prossimo trimestre utilizzando campagne mirate di social media marketing." Questo obiettivo è specifico, misurabile e ha una scadenza chiara.*

2. Utilizzo degli OKR (Objectives and Key Results)

Gli OKR sono uno strumento efficace per allineare i collaboratori agli obiettivi strategici dell'azienda. Ogni OKR è composto da un obiettivo principale e 3-5 risultati chiave, che rappresentano i passi necessari per raggiungere l'obiettivo.

> ***Obiettivo:***
> *- Migliorare la soddisfazione del cliente del 15% entro fine anno.*
>
> ***Risultati Chiave:***
> *- Ridurre i tempi di risposta a meno di 5 minuti per i ticket prioritari.*
> *- Raggiungere un tasso di risoluzione dei problemi al primo contatto dell'80%.*
> *- Migliorare il feedback positivo dei clienti del 20%.*

Capitolo 7

Monitorare le performance nel lavoro remoto

Monitorare la performance nel lavoro remoto è essenziale per garantire che il team rimanga produttivo e allineato agli obiettivi aziendali. Utilizzare gli strumenti giusti per tracciare i progressi e per fornire feedback regolari è fondamentale per mantenere alta la motivazione.

1. Utilizzare software di monitoraggio e dashboard

I software di project management, come Trello, Asana o Monday, e le dashboard di analisi come PowerBI o Tableau, consentono di visualizzare i progressi in tempo reale e di analizzare i KPI chiave del team.

> *Paolo, responsabile di un team di supporto, ha implementato una dashboard che monitora il tempo medio di risposta e il tasso di risoluzione dei problemi. Questo ha permesso di identificare rapidamente i problemi di performance e di intervenire per risolverli.*

2. Valutazione della performance basata sui risultati

Nel lavoro remoto, valutare le performance basandosi sui risultati piuttosto che sulle ore lavorate è fondamentale per garantire equità e obiettività.

> *Una società di consulenza utilizza una valutazione basata sui risultati, premiando i collaboratori in base agli obiettivi raggiunti piuttosto che sul tempo impiegato.*
> *Questo approccio ha motivato il team e ha migliorato la qualità del lavoro.*

Valutazione delle soft skills nel lavoro remoto

Oltre agli obiettivi quantitativi, è importante valutare anche le soft skills, che sono particolarmente rilevanti nel lavoro remoto. Competenze come la comunicazione efficace, la gestione del tempo e la capacità di collaborare a distanza sono essenziali per il successo del team.

- ✓ **Valutazione della Comunicazione**: Valutare la chiarezza, la tempestività e l'efficacia della comunicazione del collaboratore.

- ✓ **Collaborazione e proattività**: Analizzare il contributo del collaboratore nelle riunioni di team e la capacità di prendere iniziative.

> *In un'azienda di marketing, le soft skills sono valutate attraverso questionari anonimi che coinvolgono i colleghi, permettendo di ottenere feedback sulla comunicazione e la collaborazione.*

Incentivi e ricompense per performance eccellenti

Premiare le performance eccellenti è un ottimo modo per motivare il team e promuovere la cultura del successo. Anche nel lavoro remoto, è possibile introdurre incentivi e ricompense che mantengano alta la motivazione.

1. Incentivi virtuali

Nel contesto remoto, gli incentivi possono includere buoni regalo, riconoscimenti pubblici e premi simbolici. Questi premi possono essere assegnati per performance eccezionali o per risultati particolarmente rilevanti.

- ✓ **Premi mensili e trimestrali**: Premiare i migliori collaboratori ogni mese o trimestre, riconoscendo il loro contributo.
- ✓ **Riconoscimenti pubblici**: Dare visibilità ai collaboratori eccellenti durante le riunioni aziendali o nelle comunicazioni ufficiali.

> *Un'azienda di consulenza offre un premio trimestrale al "Collaboratore del Trimestre", che include un buono regalo e un riconoscimento pubblico. Questo sistema ha migliorato la motivazione e la competitività positiva all'interno del team.*

Feedback 360° per valutazioni complete

Il feedback 360° è una tecnica di valutazione che raccoglie feedback da tutti i livelli dell'organizzazione, inclusi colleghi, manager e collaboratori. Questa metodologia offre una valutazione più completa delle performance e delle soft skills.

- ✓ **Feedback da manager e colleghi**: Raccogliere feedback dai collaboratori, dai colleghi e dai manager per ottenere una visione completa della performance.
- ✓ **Questionari anonimi**: Utilizzare questionari anonimi per garantire la sincerità del feedback e ridurre i bias.

> *In una grande azienda di software, il feedback 360° è utilizzato annualmente per valutare i collaboratori. Ogni dipendente riceve feedback da almeno cinque persone, migliorando l'accuratezza delle valutazioni e favorendo la crescita personale.*

Strategie di motivazione continua per il miglioramento della performance

La motivazione costante è essenziale per mantenere alta la performance nel lavoro remoto. Il manager può adottare diverse strategie per motivare il team e promuovere una cultura di miglioramento continuo.

1. Creare un piano di carriera

Offrire prospettive di crescita e opportunità di avanzamento è un potente stimolo motivazionale. I manager possono aiutare i collaboratori a definire un piano di carriera che tenga conto delle aspirazioni e delle competenze da sviluppare.

> *In una società di consulenza, ogni collaboratore ha un piano di carriera personalizzato che include corsi di formazione, obiettivi di performance e potenziali avanzamenti di ruolo.*

2. Sostenere il benessere per aumentare la motivazione

Il benessere psicofisico è strettamente collegato alla performance. Il manager deve assicurarsi che i collaboratori abbiano un equilibrio tra lavoro e vita privata e che possano usufruire di supporti per la salute mentale.

- ✓ **Check-in di benessere**: Programmare check-in mensili per discutere il benessere e l'equilibrio vita-lavoro.
- ✓ **Accesso a risorse di supporto**: Offrire accesso a risorse di supporto come consulenze psicologiche e attività di mindfulness.

Capitolo 7

Un'azienda tecnologica offre sessioni settimanali di mindfulness e check-in mensili sul benessere, migliorando la motivazione e la resilienza dei collaboratori.

Capitolo 7 - Considerazioni e spunti pratici

La valutazione come strumento di crescita e motivazione

La valutazione della performance nel lavoro remoto va ben oltre la misurazione dei risultati: è un processo strategico che permette ai manager di promuovere una cultura di crescita, miglioramento continuo e motivazione. In un ambiente di lavoro a distanza, dove le interazioni sono ridotte rispetto a un contesto in ufficio, diventa ancora più importante che i processi di valutazione siano trasparenti, equi e orientati al benessere.

1. Creare un clima di fiducia attraverso la valutazione
Quando la valutazione è condotta con chiarezza e supporto, i collaboratori sviluppano fiducia nel manager e nell'azienda. Sapere che le proprie performance sono valutate in modo obiettivo e che i feedback sono concepiti per il loro sviluppo aiuta a costruire una relazione di fiducia e sicurezza. I collaboratori sentono di poter contare su un sistema equo, in cui i propri sforzi vengono riconosciuti e valorizzati, rafforzando il loro senso di appartenenza.

2. Valutare per formare e crescere, non per controllare
Una valutazione focalizzata sullo sviluppo anziché sul mero controllo trasforma ogni feedback in un'opportunità per imparare e migliorare. I manager possono utilizzare la valutazione per individuare i talenti del team e lavorare sulle competenze da sviluppare, aprendo nuove strade di carriera e crescita professionale. Quando il feedback diventa una risorsa per il miglioramento e non solo un'analisi dei risultati, ogni membro del team può lavorare in modo proattivo su nuove competenze, aumentando il proprio valore e la propria soddisfazione professionale.

3. Creare una cultura del feedback continuo
Nel lavoro remoto, il feedback continuo diventa un motore essenziale per il miglioramento. Ogni manager dovrebbe promuovere una cultura in cui il feedback sia parte integrante del lavoro quotidiano e non un evento raro o riservato solo ai momenti di valutazione formale. Un feedback regolare, tempestivo e costruttivo permette ai collaboratori di adattarsi rapidamente, correggere eventuali errori e sentirsi supportati. Questo

approccio riduce l'ansia legata alle valutazioni formali e rende il team più adattabile e responsivo alle sfide.

4. Personalizzare la valutazione: ogni collaboratore è unico
Ogni membro del team ha bisogni, motivazioni e competenze diverse, e un bravo manager sa che la valutazione non può essere "taglia unica." Personalizzare la valutazione permette di riconoscere i successi individuali e di offrire supporto specifico per le aree di miglioramento. Adottare un approccio personalizzato aiuta i collaboratori a percepire che il loro contributo è unico e che il manager si interessa realmente alla loro crescita personale.

5. Favorire l'autonomia e la responsabilità attraverso la valutazione
La valutazione basata sui risultati, piuttosto che sul tempo trascorso a lavorare, favorisce l'autonomia dei collaboratori e li responsabilizza sui loro compiti. In un ambiente remoto, questo approccio è essenziale per mantenere alta la motivazione: i collaboratori sanno di essere giudicati per i risultati raggiunti, il che li spinge a trovare le soluzioni migliori per portare a termine i propri obiettivi. La responsabilizzazione crea un ambiente in cui i collaboratori si sentono parte integrante dei successi aziendali e sviluppano una maggiore soddisfazione per il proprio lavoro.

6. La valutazione come strumento di miglioramento della cultura aziendale
Una gestione della performance trasparente e motivante contribuisce a costruire una cultura aziendale positiva e orientata al miglioramento. Il processo di valutazione rappresenta un'opportunità per rafforzare i valori aziendali, come l'innovazione, la collaborazione e la responsabilità. Ogni volta che un collaboratore riceve feedback, ha la possibilità di allinearsi meglio alla cultura aziendale e di contribuire al suo sviluppo, creando un senso di comunità anche a distanza.

7. Promuovere il benessere e il lavoro sostenibile
Un sistema di valutazione efficace deve considerare anche il benessere dei collaboratori. Piuttosto che incentivare unicamente il raggiungimento di obiettivi sempre più ambiziosi, i manager dovrebbero riconoscere e premiare l'equilibrio tra produttività e benessere. Offrire un supporto reale per mantenere un equilibrio tra vita professionale e privata,

specialmente in contesti remoti, è fondamentale per la sostenibilità a lungo termine del lavoro.

Capitolo 8

Creare e sostenere la fiducia nel lavoro remoto

L'importanza della fiducia nel lavoro a distanza

Nel lavoro remoto, la fiducia non è solo un elemento desiderabile, ma una necessità per garantire che il team rimanga produttivo, collaborativo e motivato. In un ambiente in cui le interazioni faccia a faccia sono ridotte, la fiducia offre una base di sicurezza e stabilità. I collaboratori che sentono di poter fare affidamento sul proprio manager e sui colleghi sono più inclini a prendere iniziative, a collaborare e a esprimere idee nuove senza timore di essere giudicati. Costruire e mantenere la fiducia in un team remoto richiede un impegno consapevole, ma i benefici sono notevoli, sia per il benessere del team che per il raggiungimento degli obiettivi aziendali.

1. Fiducia e trasparenza: la base di un rapporto solido

La trasparenza è il primo passo per costruire la fiducia in un ambiente remoto. Quando i collaboratori percepiscono che le informazioni sono condivise apertamente e che le decisioni sono motivate in modo chiaro, si crea un clima di fiducia e di affidabilità.

- ✓ **Condividere le informazioni strategiche**: I manager dovrebbero aggiornare regolarmente il team sugli sviluppi aziendali, sugli obiettivi a lungo termine e sulle sfide attuali.

Questo permette ai collaboratori di sentirsi parte del progetto e di capire il ruolo del proprio lavoro nel contesto più ampio.
- ✓ **Essere chiari sulle aspettative e sui risultati**: Stabilire obiettivi chiari e specificare come il loro raggiungimento influenzerà il team e l'azienda. Questo approccio rende più semplice per i collaboratori concentrarsi su ciò che è veramente importante.
- ✓ **Offrire feedback continuo**: Un feedback costante, che celebra i successi e indirizza le aree di miglioramento, è un segnale di trasparenza e di attenzione. I collaboratori si sentono più sicuri e motivati quando sanno esattamente come stanno progredendo e come possono migliorare.

In una multinazionale, il direttore di un team remoto organizza aggiornamenti settimanali in cui discute apertamente i progetti in corso, i progressi e le sfide.
Questo incontro settimanale ha migliorato la fiducia e ha creato un senso di appartenenza, poiché ogni membro del team è costantemente informato sul quadro generale.

2. Affidabilità e coerenza: essere un punto di riferimento

Un manager che dimostra coerenza e affidabilità diventa un punto di riferimento sicuro per il team. I collaboratori devono sapere che il loro leader è presente e che possono contare su di lui in caso di necessità.

- ✓ **Mantenere le promesse**: È fondamentale che i manager mantengano gli impegni presi, che si tratti di supportare i collaboratori, fornire feedback o risolvere questioni aperte.
- ✓ **Dimostrare coerenza tra parole e azioni**: I collaboratori osservano come il manager si comporta rispetto ai valori aziendali e alle politiche interne. Un manager coerente con i principi aziendali e che agisce secondo gli stessi standard richiesti al team guadagna il rispetto e la fiducia del gruppo.
- ✓ **Mostrarsi affidabili nelle decisioni**: Quando i manager prendono decisioni rapide e ponderate, dimostrano che sono in grado di guidare il team con sicurezza anche nelle situazioni di difficoltà.

Marco, un project manager, è noto per rispondere in modo rapido e coerente ai problemi del team. Quando un membro del

team ha bisogno di supporto, lui è sempre presente e mantiene le promesse fatte.
Questa coerenza ha creato un clima di fiducia che spinge i collaboratori a fare riferimento a lui non solo come manager, ma anche come punto di supporto.

3. L'Empatia come strumento di connessione

L'empatia è uno degli strumenti più potenti per costruire la fiducia in un team remoto. Essere empatici significa comprendere le esigenze e le difficoltà dei collaboratori, e mostrare che il manager è attento al loro benessere personale e professionale.

- ✓ **Praticare l'ascolto attivo**: Dedicare tempo ad ascoltare le preoccupazioni del team e a comprendere le sfide che i collaboratori affrontano.
- ✓ **Mostrare comprensione per la situazione personale di ciascuno**: Alcuni collaboratori potrebbero trovarsi a gestire esigenze familiari, altri potrebbero sentirsi isolati. Dimostrare comprensione per le situazioni individuali e offrire supporto, se necessario, è fondamentale per creare un clima di fiducia.
- ✓ **Essere accessibili e presenti**: Anche se a distanza, i manager dovrebbero essere accessibili e pronti a fornire supporto, dando ai collaboratori la sicurezza di poter contare su di loro.

Sara, manager di un team globale, tiene regolari check-in individuali per comprendere meglio lo stato emotivo e i bisogni di ogni membro. Quando ha saputo che un collaboratore stava affrontando difficoltà personali, ha offerto supporto e flessibilità, dimostrando che il benessere del team è la sua priorità.
Questo gesto ha aumentato la fiducia e ha rafforzato i legami tra Sara e il team.

4. Promuovere la responsabilizzazione e l'autonomia

La fiducia si rafforza quando i collaboratori hanno la possibilità di lavorare in autonomia e di prendere decisioni. I manager che delegano responsabilità mostrano che si fidano delle capacità del team, incentivando così il senso di responsabilità e la motivazione.

- ✓ **Dare autonomia operativa**: Fornire al team la libertà di scegliere come gestire le proprie attività, limitandosi a stabilire obiettivi e linee guida generali.
- ✓ **Incoraggiare la presa di decisioni autonoma**: Coinvolgere i collaboratori nei processi decisionali e permettere loro di fare scelte in base alle proprie competenze e al proprio giudizio.
- ✓ **Riconoscere i successi individuali e di team**: Celebrare i risultati ottenuti grazie alla responsabilità individuale e di gruppo, riconoscendo pubblicamente i contributi.

> *In una società di consulenza, il responsabile del team ha creato una cultura basata sull'autonomia, permettendo ai collaboratori di scegliere le modalità di lavoro e di prendere decisioni in autonomia.*
> *Questa libertà ha migliorato la fiducia reciproca e ha aumentato l'efficienza del team.*

5. Creare spazi di condivisione e sviluppo della fiducia interpersonale
Nel lavoro remoto, è fondamentale creare opportunità di interazione informale e di dialogo aperto. I manager possono promuovere attività di team building e sessioni di brainstorming, dove i collaboratori possano conoscersi meglio e condividere esperienze.

- ✓ **Riunioni di team interattive**: Oltre ai meeting formali, organizzare riunioni più aperte in cui i collaboratori possano discutere di idee, progetti e difficoltà.
- ✓ **Attività di team building virtuale**: Pianificare attività di team building online per favorire la conoscenza reciproca e creare legami di fiducia tra i membri del team.
- ✓ **Incentivare la condivisione di successi e sfide**: Creare momenti in cui i collaboratori possano condividere i propri successi e le sfide affrontate, favorendo un ambiente di trasparenza e di fiducia.

> *Un team di sviluppatori software organizza una "serata giochi" mensile su piattaforme online, dove i membri possono partecipare a giochi di gruppo e conoscere meglio i colleghi. Questo momento di socializzazione informale ha aumentato la coesione e la fiducia tra i membri del team, creando un clima più disteso e collaborativo.*

Capitolo 8 - Considerazioni e spunti pratici

La fiducia come pilastro del successo nel lavoro remoto

La fiducia non è un concetto astratto, ma una realtà concreta che si costruisce ogni giorno attraverso azioni, comportamenti e decisioni. Nel lavoro remoto, la fiducia diventa il pilastro su cui si fondano le interazioni e le collaborazioni di successo. Senza fiducia, i collaboratori possono sentirsi isolati e poco motivati; con la fiducia, invece, il team si sente unito, supportato e pronto a dare il massimo.

1. La fiducia come motore di collaborazione e innovazione

Un team che lavora in un ambiente di fiducia è più propenso a collaborare e a proporre idee innovative. La fiducia stimola la creatività e consente ai collaboratori di prendere rischi calcolati, sapendo di essere supportati dal manager e dai colleghi. La fiducia diventa così un motore di innovazione, che porta l'intero team a esplorare nuove soluzioni e a migliorare costantemente.

2. La fiducia come elemento di stabilità e resilienza

La fiducia è anche una fonte di stabilità e resilienza. In tempi di incertezza, come durante cambiamenti aziendali o periodi di crisi, il team può fare affidamento sulla fiducia costruita nel tempo per superare le sfide. I collaboratori che si fidano del manager e dei colleghi sono più capaci di adattarsi e di mantenere la produttività anche in situazioni difficili.

3. La fiducia come strumento di crescita e autorealizzazione

La fiducia permette ai collaboratori di sviluppare le proprie competenze e di crescere professionalmente. Quando un manager dimostra fiducia nelle capacità del team, i collaboratori si sentono più motivati a sviluppare nuove competenze e a migliorare le proprie performance. La fiducia diventa così uno strumento di crescita personale e di autorealizzazione, che porta ogni membro del team a raggiungere il proprio pieno potenziale.

4. La fiducia come valore di base per una cultura aziendale sostenibile

La fiducia rappresenta il fondamento di una cultura aziendale sostenibile e inclusiva. Un'organizzazione che promuove la fiducia come valore centrale crea un ambiente di lavoro sano, dove i collaboratori si sentono rispettati e valorizzati. Questa cultura di fiducia non solo migliora il clima aziendale, ma rafforza anche la reputazione dell'azienda come luogo di lavoro positivo e attraente.

5. La fiducia come vantaggio competitivo a lungo termine

Infine, la fiducia è un vantaggio competitivo che consente all'azienda di attrarre e trattenere i migliori talenti. Un team unito da un forte senso di fiducia è in grado di raggiungere risultati straordinari e di affrontare le sfide con determinazione. La fiducia è la chiave per un successo sostenibile e duraturo, che permette all'azienda di prosperare in un ambiente di lavoro sempre più dinamico e competitivo.

Capitolo 9

Promuovere la creatività e l'innovazione nel lavoro remoto

L'innovazione come motore di crescita e adattabilità

In un ambiente sempre più competitivo e digitale, la creatività e l'innovazione rappresentano non solo strumenti di crescita, ma anche leve fondamentali per garantire l'adattabilità dell'azienda ai cambiamenti del mercato. Nel lavoro remoto, queste capacità possono essere limitate dalla distanza fisica e dalla mancanza di interazioni spontanee, ma i manager hanno la possibilità di adottare strategie mirate per stimolare il pensiero creativo, incoraggiando il team a proporre idee e a sviluppare soluzioni innovative.

1. Creare spazi di condivisione e brainstorming virtuale
Le sessioni di brainstorming, che nel lavoro in presenza permettono scambi rapidi e immediati, possono essere replicate con successo nel lavoro remoto grazie a strumenti e tecniche specifiche. Un manager che struttura momenti di condivisione in modo efficace favorisce l'emergere di idee innovative e il coinvolgimento attivo di tutto il team.

- ✓ **Sessioni di brainstorming strutturate e pianificate**: Organizzare sessioni di brainstorming a intervalli regolari e utilizzare strumenti di facilitazione online. Per esempio, la tecnica del "round-robin brainstorming" permette a ciascun

membro del team di proporre un'idea a turno, garantendo che ogni voce venga ascoltata.
- ✓ **Utilizzare strumenti visivi e collaborativi**: Strumenti come Miro, MURAL e Jamboard sono utili per creare lavagne virtuali che facilitano la visualizzazione e la connessione tra idee. Questi strumenti permettono al team di vedere immediatamente come si sviluppano i concetti, creando un flusso visivo che simula la collaborazione in presenza.
- ✓ **Esercizi di creatività**: Tecniche come il "pensiero laterale" di Edward de Bono o la "map storming" (creare mappe concettuali delle idee) aiutano i team a esplorare nuove prospettive. Esercizi che stimolano la creatività possono includere anche "storyboarding" per visualizzare le idee in sequenze e "domande capovolte" per analizzare le problematiche da angolazioni diverse.

Un team di sviluppo prodotti organizza ogni due settimane una sessione di brainstorming su Miro, in cui i membri del team aggiungono liberamente idee, note ed esempi visivi. La pratica di includere commenti e spunti dai diversi membri crea un ambiente stimolante che incoraggia nuove prospettive e rafforza la collaborazione.

2. Favorire una cultura dell'apprendimento continuo

L'apprendimento continuo è essenziale per mantenere vivo l'entusiasmo e la competenza nel lavoro remoto. Promuovere una cultura in cui ogni collaboratore si sente spinto a migliorare le proprie capacità contribuisce non solo all'innovazione, ma anche a creare un team più motivato e al passo con le novità del settore.

- ✓ **Accesso a corsi di formazione e risorse digitali**: Offrire accesso a piattaforme come Coursera, Udemy o LinkedIn Learning per sviluppare nuove competenze. Anche incentivare la partecipazione a webinar e conferenze virtuali favorisce un aggiornamento costante su trend e tecniche.
- ✓ **Sessioni di "lunch & learn" virtuali**: Questi incontri informali, organizzati durante la pausa pranzo, permettono ai collaboratori di condividere conoscenze su argomenti che spaziano da

competenze tecniche a soft skills. La condivisione all'interno del team aumenta il senso di appartenenza e arricchisce il bagaglio di competenze collettive.
- ✓ **Programmi di mentoring interni**: Creare una rete di mentoring in cui i collaboratori senior possano condividere le proprie esperienze e guidare i colleghi più giovani o meno esperti. Il mentoring interno favorisce lo scambio di competenze e crea un contesto di crescita reciproca.

Una grande azienda tech implementa un programma di "skill share", in cui i dipendenti tengono workshop mensili su argomenti di loro competenza.
Questo approccio ha non solo migliorato le competenze generali del team, ma ha anche stimolato un ambiente in cui l'apprendimento continuo è parte della cultura aziendale.

3. Dare spazio all'autonomia e alla sperimentazione

L'innovazione richiede un ambiente in cui la sperimentazione sia possibile e non venga percepita come un rischio eccessivo. I collaboratori devono sentirsi liberi di esplorare nuove idee e di testare soluzioni alternative, sapendo che il manager valorizza i loro sforzi, anche se non portano sempre a un successo immediato.

- ✓ **Progetti pilota e prototipazione rapida**: Permettere ai team di sperimentare su piccola scala attraverso progetti pilota, test rapidi o proof of concept. Questo approccio permette di validare idee in modo agile, senza compromettere le risorse principali.
- ✓ **Autonomia operativa sui progetti**: Affidare ai collaboratori la responsabilità di prendere decisioni sui propri progetti, all'interno di linee guida ben definite. L'autonomia permette di esplorare soluzioni uniche e di sviluppare un senso di proprietà sulle idee.
- ✓ **Celebrare e riconoscere i tentativi**: Anche quando i risultati non sono immediati, riconoscere e celebrare l'impegno e la creatività dimostrati dal team rinforza un ambiente in cui l'innovazione è incoraggiata.

Un'azienda di design incentiva i membri del team a dedicare il 20% del proprio tempo a progetti creativi a scelta, incoraggiando la sperimentazione senza vincoli. Questo ha portato alla nascita di numerose idee che hanno arricchito il portafoglio di servizi aziendali.

4. Utilizzare la diversità come fonte di innovazione
La diversità di competenze, esperienze e background culturale è una risorsa preziosa che stimola l'innovazione. Creare team eterogenei e valorizzare le differenze di pensiero permette di esplorare soluzioni da prospettive multiple, arricchendo il processo creativo e migliorando i risultati.

- ✓ **Favorire team interdisciplinari e multiculturali**: Creare team di progetto che includano membri con competenze complementari e con esperienze differenti, stimolando un pensiero creativo e completo.
- ✓ **Assicurare una cultura inclusiva e rispettosa**: Creare un ambiente di lavoro in cui ciascun collaboratore si senta valorizzato per il proprio contributo unico. Un ambiente inclusivo permette a tutti di esprimersi liberamente e di contribuire con nuove idee.
- ✓ **Promuovere il confronto costruttivo**: Stimolare momenti di confronto aperto e rispettoso, in cui i collaboratori possano esprimere liberamente il proprio punto di vista e offrire feedback su idee e soluzioni.

Un'azienda di servizi internazionali promuove la rotazione dei membri del team per ogni nuovo progetto, includendo professionisti di diverse nazionalità e competenze.
Questo approccio ha portato a una maggiore varietà di idee e a soluzioni più complete, grazie alla ricchezza delle prospettive condivise.

5. Creare canali di feedback per favorire il miglioramento
Un feedback regolare e costruttivo è essenziale per alimentare un processo di innovazione continuo. Quando i collaboratori ricevono e forniscono feedback, hanno la possibilità di affinare le proprie idee e di migliorare le soluzioni, contribuendo a un clima di miglioramento costante.

- ✓ **Incoraggiare il feedback a 360 gradi**: Stimolare il feedback da parte di tutti i membri del team, inclusi manager, colleghi e collaboratori, per creare un flusso di idee e osservazioni da più prospettive.
- ✓ **Feedback peer-to-peer regolari**: Creare sessioni di feedback reciproco in cui i collaboratori possano scambiarsi opinioni e suggerimenti sulle idee e sui progetti, sviluppando una mentalità di miglioramento collettivo.
- ✓ **Strumenti di feedback anonimi**: Utilizzare sondaggi o strumenti di feedback anonimo per raccogliere suggerimenti senza timore di giudizi, incentivando un dialogo aperto e onesto.

Un'azienda di marketing digitale utilizza una piattaforma interna di feedback anonimo per raccogliere idee e suggerimenti dai collaboratori. Grazie a questa iniziativa, sono stati implementati numerosi miglioramenti operativi che hanno aumentato l'efficienza e la qualità del lavoro.

Capitolo 9 - Considerazioni e spunti pratici

La creatività e l'innovazione come forze trainanti del successo nel lavoro remoto

La creatività e l'innovazione non sono solo capacità individuali, ma valori collettivi che, se coltivati, permettono al team remoto di eccellere e di adattarsi alle sfide del mercato. Con una leadership che incentiva il pensiero creativo e promuove una cultura di sperimentazione e apprendimento, i collaboratori si sentono motivati a esplorare nuovi orizzonti e a proporre soluzioni che migliorano il successo complessivo dell'azienda.

1. L'innovazione come motore di crescita e resilienza
L'innovazione aiuta il team a rispondere con rapidità alle mutevoli esigenze del mercato e a mantenere la competitività. Un team che lavora in un ambiente innovativo non si limita a risolvere problemi immediati, ma cerca attivamente modi per migliorare e per adattarsi alle nuove sfide.

2. La creatività come fonte di coinvolgimento e soddisfazione
Stimolare la creatività significa offrire ai collaboratori un'opportunità per esprimere la propria unicità e per contribuire in modo significativo. La creatività promuove il coinvolgimento e rende il lavoro più stimolante, favorendo un team motivato e appagato.

3. La diversità come vantaggio competitivo
La diversità di esperienze e di prospettive arricchisce il processo creativo e permette di sviluppare soluzioni più efficaci e complete. Un team che valorizza la diversità e la integra nei processi di innovazione ottiene un vantaggio competitivo importante, capace di rispondere a un mercato sempre più globale e diversificato.

4. La cultura dell'apprendimento come base dell'innovazione
L'apprendimento continuo è il fondamento dell'innovazione: un team che si aggiorna regolarmente e sviluppa nuove competenze è più attrezzato per innovare e migliorare i processi. La cultura dell'apprendimento è una garanzia per il futuro dell'azienda, che può contare su un team preparato e orientato al miglioramento.

5. La flessibilità e la sperimentazione come risorse di innovazione
La flessibilità operativa e la sperimentazione controllata favoriscono l'innovazione in modo sostenibile. Quando i collaboratori hanno la possibilità di testare nuove idee e di esplorare soluzioni creative, il team diventa più dinamico e capace di rispondere agilmente ai cambiamenti del mercato.

Capitolo 10

Misurare e monitorare le performance nel lavoro remoto

L'importanza del monitoraggio della performance nel lavoro a distanza

Nel contesto del lavoro remoto, il monitoraggio delle performance è essenziale per garantire che il team rimanga produttivo, allineato agli obiettivi e motivato. Tuttavia, il monitoraggio deve essere gestito in modo da rispettare l'autonomia e la fiducia dei collaboratori. Questo capitolo approfondisce le strategie per impostare un sistema di monitoraggio che supporti il team nel raggiungere gli obiettivi senza esercitare un controllo eccessivo, valorizzando invece i risultati e il miglioramento continuo.

1. Stabilire KPI (Key Performance Indicators) e OKR (Objectives and Key Results)

La definizione di obiettivi chiari, misurabili e allineati con la strategia aziendale è fondamentale per un monitoraggio efficace delle performance. I KPI e gli OKR aiutano a stabilire parametri precisi e obiettivi specifici per ogni collaboratore, offrendo una guida per valutare i progressi e mantenere il focus.

- ✓ **Personalizzare i KPI per ogni ruolo**: Identificare gli indicatori specifici per ogni funzione. Ad esempio, per un team di vendite, i KPI potrebbero includere il numero di trattative concluse o il

Capitolo 10

tasso di conversione, mentre per un team di sviluppo prodotto potrebbero riguardare il numero di funzionalità implementate o la velocità di risoluzione dei bug.

✓ **Implementare OKR ambiziosi ma realistici**: Gli OKR aiutano il team a raggiungere obiettivi sfidanti senza compromettere la qualità del lavoro. È importante che gli OKR riflettano obiettivi strategici aziendali e che ogni collaboratore abbia chiarezza su come il proprio lavoro contribuisca a questi obiettivi.

✓ **Valutare KPI non solo quantitativi ma anche qualitativi**: Considerare KPI che misurano la qualità del lavoro, come la soddisfazione del cliente, la precisione dei risultati o il livello di innovazione introdotto, aiuta a ottenere un quadro più completo delle performance.

> *Un team di marketing remoto potrebbe avere come obiettivo generale l'aumento della visibilità online.*
> *Gli OKR per questo obiettivo potrebbero includere:*
> ✓ ***Obiettivo**:*
> - *Aumentare il traffico sul sito web del 30% in sei mesi.*
> ✓ ***Risultati Chiave:***
> - *Lanciare almeno due campagne pubblicitarie digitali ogni trimestre.*
> - *Pubblicare cinque articoli di blog ottimizzati per SEO ogni mese.*
> - *Aumentare il numero di follower sui social media del 20%.*

2. Scegliere strumenti di monitoraggio efficaci

Gli strumenti di monitoraggio delle performance permettono di raccogliere dati accurati senza interferire eccessivamente nel lavoro del team. Se utilizzati correttamente, questi strumenti offrono una panoramica del lavoro e aiutano a identificare eventuali aree di miglioramento.

✓ **Strumenti di gestione del lavoro e dei progetti**: Piattaforme come Asana, Monday e Trello facilitano il monitoraggio dei progetti in tempo reale, consentendo al team di visualizzare le attività, le scadenze e i responsabili per ogni compito. Questi strumenti favoriscono anche l'organizzazione del lavoro e la collaborazione.

Capitolo 10

- ✓ **Dashboard personalizzate di performance**: Le dashboard forniscono una visione d'insieme dei KPI del team. Strumenti come PowerBI o Tableau permettono di creare dashboard su misura per visualizzare i progressi rispetto agli obiettivi, rendendo il monitoraggio più semplice e trasparente.
- ✓ **Software per il monitoraggio del tempo in modo non invasivo**: Software come Time Doctor o Toggl permettono di monitorare il tempo in modo discreto, aiutando i collaboratori a comprendere come utilizzano le proprie ore lavorative e a migliorare la gestione del tempo, se necessario.

> *Un team di vendita remoto utilizza PowerBI per monitorare in tempo reale i KPI di vendita, come il numero di clienti acquisiti e le vendite mensili. Le dashboard aggiornate permettono al team di identificare rapidamente trend positivi e negativi, consentendo ai manager di intervenire con feedback e supporto mirato.*

3. Bilanciare la trasparenza con il rispetto dell'autonomia

Nel lavoro remoto, il monitoraggio eccessivo può essere percepito come un controllo invasivo, che rischia di demotivare il team. Per evitare questa percezione negativa, è essenziale comunicare chiaramente l'utilità del monitoraggio e promuovere la trasparenza, senza compromettere l'autonomia.

- ✓ **Spiegare lo scopo e il valore del monitoraggio**: I manager dovrebbero chiarire che il monitoraggio è orientato a sostenere e migliorare le performance e non a esercitare un controllo. Comunicando il valore del monitoraggio, il team sarà più incline a vederlo come uno strumento di supporto.
- ✓ **Focalizzarsi sui risultati, non sulle ore lavorate**: Nel lavoro remoto, è importante giudicare il team in base ai risultati raggiunti, piuttosto che sul tempo trascorso al lavoro. Questo approccio valorizza l'autonomia e permette ai collaboratori di organizzare il proprio lavoro secondo le proprie esigenze.
- ✓ **Offrire feedback personalizzato e costruttivo**: Utilizzare i dati raccolti per fornire feedback mirato e per supportare i

collaboratori nel raggiungimento dei loro obiettivi, evitando il controllo costante.

> *Un manager di un team di sviluppo software fornisce feedback settimanale analizzando i KPI di ciascun membro, concentrandosi su successi e miglioramenti necessari.*
> *Questo approccio contribuisce a creare un ambiente positivo, in cui il monitoraggio diventa uno strumento per supportare la crescita.*

4. Promuovere una cultura di responsabilizzazione e fiducia
Una cultura che incoraggi la responsabilizzazione e la fiducia nel team è essenziale per un monitoraggio efficace. Ogni collaboratore deve sentirsi responsabile dei propri risultati e motivato a raggiungere gli obiettivi, percependo il monitoraggio come un'opportunità di miglioramento.

- ✓ **Assegnare obiettivi chiari e delegare la responsabilità**: Quando gli obiettivi sono chiari, i collaboratori hanno la possibilità di organizzarsi e di gestire il proprio lavoro in autonomia. Un manager che delega responsabilità dimostra fiducia e rafforza il senso di responsabilizzazione.
- ✓ **Incoraggiare l'auto-monitoraggio**: Invitare i collaboratori a monitorare i propri KPI e a riflettere sui progressi contribuisce a creare un approccio proattivo, in cui il team si sente motivato a migliorare autonomamente.
- ✓ **Promuovere il miglioramento continuo**: Creare un ambiente in cui ogni progresso, anche piccolo, sia riconosciuto e valorizzato. Questo approccio favorisce una mentalità orientata alla crescita e rafforza la coesione del team.

> *Un'azienda di consulenza utilizza OKR condivisi, in cui ogni collaboratore stabilisce i propri risultati chiave. I membri del team si riuniscono settimanalmente per fare il punto sui progressi, condividendo idee e strategie.*
> *Questo approccio ha aumentato il senso di responsabilità individuale e ha migliorato l'engagement.*

5. Monitorare anche il benessere e l'equilibrio vita-lavoro

Nel lavoro remoto, il benessere e l'equilibrio tra vita privata e lavoro sono fondamentali per mantenere alta la motivazione e la produttività del team. Oltre alla produttività, è importante monitorare la qualità della vita lavorativa per evitare il burnout e promuovere un ambiente di lavoro positivo.

- ✓ **Effettuare sondaggi sul benessere**: Periodicamente, i manager possono raccogliere feedback anonimo per capire il livello di stress, la soddisfazione e il benessere dei collaboratori.
- ✓ **Monitorare il carico di lavoro**: Assicurarsi che il team non sia sovraccarico e che i KPI siano raggiungibili. Il monitoraggio del carico di lavoro può prevenire il burnout e garantire che i collaboratori abbiano un ritmo di lavoro sostenibile.
- ✓ **Promuovere l'equilibrio vita-lavoro**: Incoraggiare i collaboratori a rispettare le pause e il proprio orario di lavoro. Un manager che valorizza il tempo di riposo e offre flessibilità oraria contribuisce a creare un ambiente sano e produttivo.

Un'azienda digitale invia un breve sondaggio mensile al team remoto, chiedendo opinioni su carico di lavoro, livello di stress e soddisfazione lavorativa. Grazie a questo monitoraggio, i manager hanno potuto intervenire per bilanciare meglio il carico di lavoro e offrire supporto in caso di sovraccarico.

Questa attenzione al benessere ha migliorato la qualità della vita lavorativa e ha ridotto i casi di burnout, contribuendo a mantenere il team motivato e produttivo nel lungo termine.

Capitolo 10 - Considerazioni e spunti pratici

Il monitoraggio come strumento di crescita e trasparenza

Misurare e monitorare le performance nel lavoro remoto non significa esercitare un controllo invadente, ma piuttosto supportare il team nel raggiungimento degli obiettivi e nel miglioramento continuo. Un sistema di monitoraggio ben gestito, basato su trasparenza e rispetto per l'autonomia, diventa un valore aggiunto per l'azienda e una fonte di fiducia per i collaboratori.

1. Il monitoraggio come mezzo per il raggiungimento degli obiettivi
Il monitoraggio efficace permette al team di concentrarsi sui risultati da raggiungere, creando un percorso chiaro verso il successo. Gli obiettivi specifici e ben definiti aiutano i collaboratori a comprendere come i loro sforzi si inseriscono nel quadro più ampio e a lavorare in modo mirato.

2. Il monitoraggio come strumento di crescita personale e professionale
Attraverso feedback costante e l'analisi dei KPI, i collaboratori possono individuare i propri punti di forza e le aree di miglioramento. Questo monitoraggio, se orientato alla crescita, stimola il miglioramento continuo e incoraggia ogni membro del team a sviluppare nuove competenze e a migliorare la propria performance.

3. Il monitoraggio basato sulla trasparenza come fattore di fiducia
Un monitoraggio trasparente rafforza la fiducia tra manager e team, riducendo la percezione di controllo e promuovendo un ambiente collaborativo. La trasparenza rende chiaro a tutti il motivo delle valutazioni, garantendo che ogni collaboratore si senta valorizzato e incluso nel processo.

4. Il monitoraggio del benessere come parte integrante della performance
Valutare il benessere del team è fondamentale per mantenere alta la qualità della performance nel lungo periodo. Un team sereno, con un buon equilibrio vita-lavoro, è più incline a mantenere alti livelli di produttività e a contribuire positivamente al clima aziendale.

5. Il monitoraggio come vantaggio competitivo

Infine, un sistema di monitoraggio delle performance efficiente rappresenta un vantaggio competitivo per l'organizzazione. Un team che lavora in un ambiente di monitoraggio trasparente e rispettoso ha maggiori possibilità di crescere, di adattarsi ai cambiamenti e di rispondere con prontezza alle sfide del mercato.

Capitolo 11

La comunicazione empatica e la connessione umana nel lavoro remoto

L'importanza della comunicazione empatica nel lavoro a distanza

Nel lavoro remoto, la comunicazione empatica è uno dei pilastri fondamentali per creare un ambiente di lavoro in cui i collaboratori si sentano supportati e valorizzati. La mancanza di contatti diretti può portare a un senso di isolamento e alla difficoltà di interpretare emozioni e bisogni altrui. La comunicazione empatica, che considera il benessere e le emozioni dei membri del team, aiuta a costruire relazioni autentiche, a promuovere il dialogo e a mantenere la coesione anche a distanza.

1. L'ascolto attivo come base della comunicazione empatica

L'ascolto attivo è una delle competenze essenziali per una comunicazione empatica. Nel lavoro remoto, dove gli indizi visivi sono ridotti, il manager deve fare uno sforzo consapevole per dimostrare al team che le sue opinioni e preoccupazioni sono ascoltate e comprese.

- ✓ **Osservare il linguaggio non verbale**: Anche in videochiamata, si possono cogliere segnali come espressioni facciali, postura e tono di voce. Notare questi dettagli aiuta a comprendere meglio l'umore e lo stato d'animo dei collaboratori.

Capitolo 11

- ✓ **Mostrare empatia e validazione**: Fare sapere all'interlocutore che si comprende e si rispetta la sua prospettiva crea un legame più forte. Espressioni come "Capisco la tua preoccupazione" o "È normale sentirsi così in queste circostanze" rafforzano il senso di ascolto e sostegno.
- ✓ **Riflettere e riepilogare**: Riformulare ciò che il collaboratore ha detto è un modo per confermare di aver capito il messaggio e di mostrare attenzione verso i suoi bisogni.

> *Durante una riunione di aggiornamento, un collaboratore condivide che sta faticando a concentrarsi a causa delle numerose interruzioni domestiche. Il manager, anziché rispondere immediatamente con consigli pratici, dedica un momento ad ascoltare e poi risponde: "Capisco quanto sia complicato bilanciare il lavoro da casa, soprattutto quando ci sono interruzioni costanti. È normale sentirsi un po' sopraffatti."*
> *Successivamente, il manager chiede: "C'è qualcosa che possiamo fare per rendere più semplice la tua situazione? Magari qualche modifica sugli orari o nel tipo di progetti da gestire?"*
> *Questo tipo di risposta non solo dimostra comprensione, ma mostra anche al collaboratore che il manager è disposto a collaborare per trovare una soluzione che lo aiuti a lavorare meglio.*

> *In una riunione virtuale, un membro del team si lamenta di sentirsi isolato e non abbastanza informato sui cambiamenti di progetto. Il manager prende nota e, dopo aver mostrato empatia, propone un sistema di comunicazione più strutturato, come un aggiornamento settimanale via email o una riunione di allineamento ogni lunedì.*
> *Questo approccio permette al collaboratore di sentirsi ascoltato e offre una soluzione concreta per migliorare la sua esperienza di lavoro.*

2. Creare opportunità per la connessione personale

Le relazioni autentiche tra i membri del team richiedono opportunità di connessione che vadano oltre le interazioni strettamente lavorative. Creare spazi per la socializzazione e la condivisione di interessi personali contribuisce a instaurare legami di fiducia e a ridurre la sensazione di isolamento.

- ✓ **Sessioni informali regolari**: Oltre ai check-in di lavoro, organizzare sessioni informali come "pausa caffè" virtuali o happy hour online. Questi momenti creano un'atmosfera di relax e favoriscono la conoscenza reciproca.
- ✓ **Incontri su interessi comuni**: Creare piccoli gruppi in cui i membri del team possano discutere di interessi condivisi, come hobby, sport o lettura. Questi incontri rafforzano i legami e migliorano l'interazione tra persone che condividono passioni.
- ✓ **Raccontare storie personali**: Dare l'opportunità ai collaboratori di raccontare storie personali o di condividere successi, esperienze di vita o sfide affrontate. Questi racconti aiutano a creare un clima di autenticità e di empatia.

> *Un team internazionale, distribuito su vari fusi orari, organizza un incontro settimanale di 30 minuti chiamato "Il Momento del Caffè," durante il quale i membri possono condividere aspetti personali e chiacchierare liberamente senza parlare di lavoro.*
> *Una volta, un membro ha raccontato la sua passione per la fotografia, mostrando alcune foto scattate nel fine settimana, e altri hanno iniziato a condividere hobby simili.*
> *Questo momento di leggerezza e connessione ha aumentato la coesione, poiché i collaboratori hanno trovato affinità al di fuori dell'ambito lavorativo, riducendo la distanza tra di loro.*

> *Un'azienda IT ha introdotto una pratica settimanale chiamata "Talent Share," in cui ogni venerdì uno dei membri del team può fare una breve presentazione su un argomento di interesse personale. Un collaboratore ha condiviso la sua passione per la pittura e ha mostrato alcune sue opere.*
> *Questo momento di condivisione ha non solo arricchito le relazioni personali, ma ha anche portato a una collaborazione inaspettata: un altro collaboratore ha proposto di organizzare una mostra virtuale, coinvolgendo altre persone interessate all'arte. Il progetto ha rafforzato i legami e dato a tutti qualcosa di positivo e stimolante al di fuori delle attività quotidiane.*

3. Trasparenza e comunicazione chiara per ridurre le incertezze

Nel lavoro remoto, la mancanza di contatto diretto può creare ansia e incertezza. Una comunicazione chiara e trasparente, che eviti ambiguità e risponda alle domande in modo diretto, riduce le incomprensioni e rafforza la fiducia.

- ✓ **Essere chiari sulle aspettative**: Comunicare in modo esplicito le aspettative e gli obiettivi di ciascun progetto aiuta a evitare fraintendimenti e a mantenere il team focalizzato.
- ✓ **Condividere decisioni e motivazioni**: Spiegare le ragioni dietro le decisioni aziendali contribuisce a creare un ambiente di trasparenza, in cui ogni collaboratore si sente coinvolto e parte del processo.
- ✓ **Evitare gergo eccessivo**: Utilizzare un linguaggio semplice e accessibile rende la comunicazione più efficace e comprensibile, evitando che i collaboratori si sentano confusi o esclusi.

Dopo una modifica significativa nella struttura dell'azienda, il CEO organizza una riunione virtuale con tutto il team per spiegare in dettaglio le ragioni del cambiamento. Durante la riunione, descrive i fattori che hanno portato alla decisione, come nuove tendenze di mercato e cambiamenti nella domanda dei clienti. Oltre a spiegare le ragioni strategiche, il CEO invita i dipendenti a fare domande e si impegna a rispondere apertamente a ogni dubbio.
Questa comunicazione trasparente riduce l'ansia e dimostra che l'azienda si preoccupa del benessere dei collaboratori, contribuendo a creare un clima di fiducia.

Un team di sviluppo prodotto decide di cambiare improvvisamente priorità su un progetto in seguito a nuove direttive del cliente. Il manager riunisce il team e spiega chiaramente i motivi del cambiamento, descrivendo i nuovi obiettivi e rispondendo a tutte le domande. Spiega inoltre come il cambiamento influirà sui processi di lavoro e sui tempi previsti. I membri del team, che all'inizio erano frustrati dal cambiamento, apprezzano la chiarezza e la comunicazione diretta, che li aiuta a mantenere l'impegno e a lavorare con maggiore serenità.

Capitolo 11

4. Feedback costruttivo e dialogo aperto
Il feedback è uno degli strumenti più potenti per migliorare le performance e per costruire una comunicazione empatica. Nel lavoro remoto, dove le occasioni di confronto diretto sono ridotte, offrire feedback in modo costruttivo e ricevere feedback dai collaboratori diventa ancora più importante.

- ✓ **Feedback specifico e basato su comportamenti osservabili**: Fornire feedback chiaro e dettagliato, focalizzandosi su comportamenti specifici piuttosto che su giudizi generali, permette ai collaboratori di comprendere esattamente come migliorare.
- ✓ **Bilanciare feedback positivo e costruttivo**: Il feedback positivo rinforza le buone pratiche, mentre il feedback costruttivo offre spunti di miglioramento. Entrambi i tipi di feedback sono essenziali per mantenere alta la motivazione.
- ✓ **Ascoltare e accettare feedback dal team**: I manager devono essere aperti a ricevere feedback dai collaboratori, dimostrando disponibilità al miglioramento e favorendo un ambiente di rispetto reciproco.

Un manager osserva una presentazione fatta da un collaboratore che, pur avendo ottime idee, non ha saputo esprimerle in modo chiaro e persuasivo. Invece di criticare direttamente, il manager inizia lodando l'idea centrale della presentazione e i dettagli creativi, poi suggerisce: "Hai fatto un lavoro straordinario nella raccolta dei dati e nella struttura delle idee. Penso che potresti rafforzare la tua presentazione lavorando un po' sulla sintesi e sull'esposizione dei punti chiave." Successivamente, offre risorse e disponibilità per una sessione di pratica.
Questo tipo di feedback aiuta il collaboratore a crescere senza sentirsi scoraggiato, dimostrando che il manager vuole aiutarlo a migliorare.

Alla fine di un progetto, un manager di progetto chiede al team di fornire un feedback su come si è svolta la gestione. I collaboratori menzionano che preferirebbero ricevere aggiornamenti più frequenti e suggeriscono di usare una

piattaforma di gestione dei progetti. Il manager ascolta con attenzione e si impegna a implementare questi cambiamenti per il prossimo progetto.
Questo feedback reciproco crea un ambiente di rispetto e dimostra che il manager è disposto a migliorare in base alle esigenze del team.

5. Promuovere il benessere e l'equilibrio tra vita e lavoro

Nel lavoro remoto, dove le linee tra vita lavorativa e privata possono sfumare, è fondamentale che il manager mostri empatia e sostegno verso il benessere del team. Un leader empatico riconosce l'importanza dell'equilibrio tra vita e lavoro e promuove una cultura che valorizzi la salute e la qualità della vita dei collaboratori.

- ✓ **Promuovere orari di lavoro flessibili**: Concedere una certa flessibilità sugli orari consente ai collaboratori di gestire meglio la propria giornata e di dedicare tempo anche alla vita personale.
- ✓ **Incoraggiare pause regolari**: Incentivare il team a fare pause regolari e a staccare dal lavoro alla fine della giornata per evitare il burnout.
- ✓ **Offrire supporto psicologico o consulenza sul benessere**: Se possibile, fornire accesso a servizi di supporto psicologico o programmi di gestione dello stress per aiutare i collaboratori a mantenere un buon equilibrio e a gestire eventuali difficoltà emotive.

Un manager nota che alcuni collaboratori hanno difficoltà a rispettare gli orari standard a causa di impegni familiari. Propone allora un orario di lavoro flessibile che consenta ai collaboratori di completare le proprie attività negli orari che meglio si adattano alle loro esigenze, a patto che rispettino le scadenze dei progetti.
Questo approccio riduce lo stress e permette a ogni membro del team di lavorare al proprio ritmo, dimostrando che il manager comprende e rispetta le esigenze personali.

Un'azienda introduce una serie di risorse di supporto mentale, tra cui l'accesso gratuito a consulenze psicologiche e sessioni di meditazione online per i dipendenti. Il manager incoraggia

apertamente il team a fare uso di queste risorse, raccontando il proprio impegno per la salute mentale e condividendo l'importanza di prendersi cura di sé.
Questa iniziativa ha ridotto lo stress e migliorato il benessere del team, e i collaboratori hanno espresso maggiore soddisfazione e gratitudine per l'attenzione dedicata al loro benessere.

Capitolo 11 - Considerazioni e spunti pratici

La comunicazione empatica come fondamento del lavoro remoto

La comunicazione empatica è essenziale per creare un ambiente di lavoro remoto in cui ogni collaboratore si senta ascoltato, compreso e supportato. Un manager che adotta un approccio empatico alla comunicazione non solo rafforza il legame tra i membri del team, ma promuove anche un clima di collaborazione e rispetto.

1. La Comunicazione empatica come strumento di inclusione
La comunicazione empatica aiuta ogni collaboratore a sentirsi parte integrante del team, indipendentemente dalla distanza fisica. Questo senso di inclusione è essenziale per mantenere alta la motivazione e la partecipazione.

2. La trasparenza come base della fiducia
Una comunicazione trasparente riduce l'incertezza e rende il team più sicuro. Quando le decisioni e le aspettative sono chiare, i collaboratori possono lavorare con maggiore tranquillità e fiducia.

3. Il feedback costruttivo come motivatore di crescita
Un feedback offerto con empatia e attenzione diventa uno strumento di miglioramento, stimolando ogni collaboratore a dare il meglio e a crescere professionalmente.

4. Il benessere come valore fondamentale
Promuovere il benessere e l'equilibrio tra vita privata e lavoro è essenziale per mantenere un ambiente di lavoro sostenibile e per evitare il burnout. Un team che lavora in un ambiente sano è più produttivo e soddisfatto.

5. La connessione umana come vantaggio nel lavoro remoto
Infine, un team che si sente connesso e supportato è un team più coeso e resiliente. La connessione umana diventa un valore aggiunto che rende il lavoro remoto più sostenibile e arricchente per tutti.

Capitolo 12

Gestire le sfide e le difficoltà nel lavoro remoto

Affrontare le sfide del lavoro remoto con resilienza e creatività

Il lavoro remoto comporta una serie di sfide uniche che possono influenzare la produttività, il benessere e la coesione del team. Tra queste difficoltà emergono il senso di isolamento, i problemi di comunicazione, la mancanza di supporto immediato e le possibili difficoltà tecniche. Superare questi ostacoli richiede una leadership che sappia promuovere la resilienza e la creatività, creando un ambiente in cui il team possa affrontare le difficoltà con spirito positivo e soluzioni concrete.

1. Superare il senso di isolamento e favorire il coinvolgimento

Una delle principali sfide del lavoro remoto è il senso di isolamento che molti collaboratori possono provare. La mancanza di interazioni quotidiane può portare a una diminuzione del senso di appartenenza e a una minore motivazione. È compito del manager creare un ambiente che promuova il coinvolgimento e faccia sentire ogni collaboratore parte integrante del team.

- ✓ **Organizzare check-in regolari**: Pianificare incontri periodici con i membri del team per monitorare il loro benessere e coinvolgimento. Questi incontri non devono essere esclusivamente focalizzati sul lavoro, ma possono includere

domande aperte sul loro stato emotivo e sul loro carico di lavoro. Mostrare interesse per il benessere personale rafforza la fiducia e aumenta il senso di appartenenza.
- ✓ **Creare momenti di socializzazione virtuale**: Oltre agli incontri di lavoro, organizzare attività di team building online, come giochi di gruppo, quiz o pause caffè virtuali, per favorire la socializzazione e ridurre il senso di isolamento.
- ✓ **Riconoscere e celebrare i successi**: Valorizzare i successi individuali e di gruppo attraverso riconoscimenti pubblici, e celebrare le piccole vittorie per mantenere alto il morale.

> *Un team di consulenza organizza mensilmente una "Serata Film" in cui i membri del team scelgono un film da guardare insieme in streaming e lo commentano in una chat comune. Durante questi eventi, i membri del team possono anche scambiarsi idee sui generi di film preferiti, creare playlist collettive o semplicemente godersi il film insieme, sentendosi più connessi e coinvolti.*
>
> *Questi momenti informali contribuiscono a creare un legame più forte e a rendere il team più coeso, riducendo la sensazione di isolamento. Inoltre, il manager incoraggia ogni membro a suggerire un tema diverso per ogni serata, come film horror ad Halloween o commedie durante le festività, permettendo a ciascuno di esprimere i propri gusti e interessi.*

2. Gestire le difficoltà di comunicazione e promuovere la chiarezza

Nel lavoro remoto, la comunicazione può diventare frammentaria o confusa, soprattutto quando ci si affida prevalentemente a email e messaggi istantanei. La mancanza di interazione faccia a faccia può portare a incomprensioni che influiscono negativamente sull'efficienza del team.

- ✓ **Definire linee guida di comunicazione**: Stabilire linee guida per determinare quali strumenti e canali utilizzare per le comunicazioni in base alla loro urgenza e importanza. Ad esempio, definire che le questioni urgenti vengono discusse in chat, le riunioni settimanali si svolgono in videochiamata e le comunicazioni strutturate vengono inviate per email. Questo

evita sovraccarico di messaggi e garantisce che tutti sappiano come comunicare efficacemente.
- ✓ **Promuovere l'uso delle videochiamate per discussioni importanti**: Incoraggiare l'uso delle videochiamate per discussioni complesse o feedback importanti, poiché permettono di cogliere il linguaggio non verbale e di ridurre le incomprensioni.
- ✓ **Utilizzare strumenti di collaborazione centralizzati**: Sfruttare strumenti come Slack, Teams o Asana per centralizzare le comunicazioni e facilitare la collaborazione. Questi strumenti consentono di avere una panoramica dei progetti, monitorare i progressi e facilitare la condivisione di documenti, evitando che le informazioni si disperdano.

> *In una società di marketing digitale, il manager stabilisce linee guida di comunicazione molto chiare per ottimizzare il flusso delle informazioni. Le questioni urgenti vengono discusse direttamente in una chat dedicata per ridurre le interruzioni, mentre le discussioni strategiche sono riservate alle videochiamate settimanali. Inoltre, viene assegnata una giornata alla settimana per aggiornamenti generali via email, in modo che ogni membro sappia esattamente dove e quando cercare le informazioni di cui ha bisogno.*
> *Questo approccio riduce la frammentazione delle comunicazioni, evita di sovraccaricare il team di messaggi istantanei e rende le comunicazioni più strutturate ed efficaci.*

3. Affrontare e gestire le crisi con prontezza

Nel lavoro remoto, le crisi possono includere difficoltà tecniche, problemi con le scadenze o imprevisti che colpiscono l'intero team. La capacità di affrontare le situazioni critiche con prontezza e con un piano strutturato è fondamentale per ridurre l'impatto degli ostacoli e per preservare la fiducia nel gruppo.

- ✓ **Creare un piano di gestione delle crisi**: Avere un piano predefinito per la gestione delle emergenze permette di reagire rapidamente alle situazioni critiche, mantenendo il controllo e la serenità. Questo piano dovrebbe includere una lista di risorse

chiave e passaggi pratici da seguire, garantendo così una risposta coordinata e tempestiva.
- ✓ **Mantenere una comunicazione aperta e costante durante la crisi**: È essenziale mantenere tutti informati sullo stato della situazione, per evitare speculazioni o malintesi che possano generare ansia. In caso di emergenza, aggiornare il team regolarmente e assicurarsi che ognuno sappia cosa aspettarsi e quale sia il piano di recupero.
- ✓ **Delegare compiti specifici per una gestione efficace**: Suddividere le responsabilità tra i membri del team per affrontare più efficacemente le crisi, assicurandosi che ogni aspetto sia coperto e che nessuno si senta sovraccaricato.

Durante il lancio di un'importante campagna pubblicitaria, un'azienda subisce un'interruzione del server proprio nel mezzo della giornata di lancio. Il manager, per evitare il panico, informa immediatamente il team e attiva il piano di emergenza, dividendo le responsabilità tra i membri del team. Alcuni si occupano di informare i clienti e di rassicurarli, mentre altri monitorano i social media e rispondono a eventuali domande. Una terza persona è incaricata di coordinarsi con il supporto tecnico per accelerare la risoluzione del problema. Grazie a questa reazione tempestiva e coordinata, il team riesce a limitare l'impatto dell'emergenza e a mantenere la fiducia dei clienti, dimostrando prontezza e professionalità.

4. Gestire il sovraccarico e prevenire il burnout

Il lavoro remoto può portare facilmente al sovraccarico e al burnout, poiché le linee tra vita lavorativa e personale tendono a sfumare. È fondamentale che il manager riconosca i segnali di sovraccarico e adotti misure per preservare l'equilibrio e il benessere del team.

- ✓ **Incoraggiare il rispetto degli orari e della disconnessione**: Promuovere la disconnessione a fine giornata e rispettare il tempo libero dei collaboratori aiuta a evitare il burnout e a mantenere alta la produttività. Anche offrire flessibilità oraria e permessi extra può fare la differenza per chi ha particolari esigenze familiari.

Capitolo 12

- ✓ **Monitorare il carico di lavoro e redistribuire i compiti**: Tenere sotto controllo il carico di lavoro di ciascun membro per evitare sovraccarichi che possano influire negativamente sul rendimento e sul benessere.
- ✓ **Organizzare sessioni di benessere**: Offrire accesso a risorse di supporto psicologico o a sessioni di mindfulness, per favorire un buon equilibrio tra vita privata e lavoro. Anche programmi di gestione dello stress o attività di gruppo non lavorative aiutano a mantenere alta la soddisfazione.

Un team di sviluppo software implementa una politica di disconnessione obbligatoria dopo le 18:00 per evitare il sovraccarico di lavoro, specialmente in periodi di elevata intensità. Il manager organizza anche sessioni settimanali di "Mindful Monday", dove i collaboratori possono partecipare a brevi esercizi di rilassamento e meditazione guidata. Durante queste sessioni, i membri del team possono discutere di eventuali problemi legati al carico di lavoro e ricevere consigli per la gestione dello stress.
Questi accorgimenti migliorano l'umore del team, riducono il burnout e creano un ambiente in cui il benessere è al centro.

5. Superare le difficoltà tecniche con strumenti adeguati e formazione

I problemi tecnici sono inevitabili nel lavoro remoto, ma possono rallentare il lavoro e generare frustrazione. Un manager deve essere pronto a fornire le risorse necessarie per affrontare le sfide tecniche e a garantire che tutti abbiano gli strumenti giusti per lavorare con efficienza.

- ✓ **Fornire supporto tecnico dedicato e tempestivo**: Avere un supporto IT accessibile per risolvere rapidamente i problemi tecnici aiuta a ridurre lo stress e a evitare interruzioni del lavoro. Assicurarsi che i collaboratori sappiano a chi rivolgersi e come segnalare eventuali problemi.
- ✓ **Investire in strumenti di qualità**: Fornire ai collaboratori strumenti e connessioni affidabili permette loro di lavorare in modo efficiente e di evitare frustrazioni, soprattutto durante attività che richiedono precisione e stabilità.

✓ **Offrire formazione tecnica continua**: Organizzare sessioni di formazione periodica per assicurarsi che tutti i membri del team conoscano gli strumenti a disposizione e sappiano utilizzarli al meglio. La formazione continua aumenta la fiducia del team e riduce la frequenza dei problemi tecnici.

Un'azienda di servizi finanziari ha creato una hotline di supporto IT dedicata ai collaboratori remoti. Durante una giornata di lavoro, un membro del team riscontra problemi tecnici con il software di videoconferenza prima di una riunione importante. Contattando immediatamente il supporto, il collaboratore riceve assistenza tempestiva e riesce a risolvere il problema prima della riunione. La rapidità dell'intervento permette al team di lavorare senza interruzioni, dimostrando che l'azienda è pronta a supportare i collaboratori in qualsiasi momento.

Capitolo 12 - Considerazioni e spunti pratici

La resilienza come chiave per il successo nel lavoro remoto

Le sfide del lavoro remoto richiedono una leadership resiliente e pronta ad adattarsi alle esigenze del team. Un manager che sa affrontare le difficoltà con prontezza e spirito di collaborazione contribuisce a creare un ambiente di lavoro sicuro, motivante e produttivo.

1. La resilienza come risorsa chiave per superare le difficoltà
La resilienza è la capacità di adattarsi e di rispondere con creatività agli ostacoli. Un team resiliente affronta le sfide del lavoro remoto come opportunità di crescita, mantenendo alto il livello di produttività e coesione.

2. La comunicazione come fondamento della coesione e della fiducia
Una comunicazione chiara e aperta è essenziale per superare le difficoltà. Mantenere il team informato e coinvolto contribuisce a ridurre l'ansia e a creare un clima di fiducia e supporto reciproco.

3. Il benessere del team come priorità per la performance sostenibile
Investire nel benessere del team è fondamentale per mantenere alta la qualità del lavoro e prevenire il burnout. Un team che lavora in un ambiente sano è più motivato, produttivo e capace di affrontare con serenità le sfide quotidiane.

4. La gestione delle crisi come opportunità di crescita
Ogni crisi è un'opportunità per rafforzare la coesione e la capacità di risoluzione dei problemi. Un manager che affronta le crisi con calma e pianificazione favorisce un team più unito e pronto a rispondere a situazioni complesse.

5. La flessibilità come chiave per adattarsi al cambiamento
Infine, la flessibilità è un elemento essenziale per il successo nel lavoro remoto. Un team che si adatta alle necessità e alle sfide può rispondere meglio alle aspettative e garantire una performance sostenibile nel lungo periodo.

Capitolo 13

Tecnologie per lo Smartworking

Il ruolo fondamentale della tecnologia nel lavoro remoto

La tecnologia è il pilastro su cui si basa il successo del lavoro a distanza. In un contesto remoto, le piattaforme digitali permettono di comunicare, collaborare e gestire progetti con la stessa efficienza di un ambiente fisico, mantenendo il team connesso e produttivo. La scelta degli strumenti giusti può fare la differenza tra un flusso di lavoro fluido e una serie di interruzioni e ostacoli.

Introduzione alla scelta della tecnologia

Per ottimizzare il lavoro remoto, la scelta della tecnologia deve tener conto di vari fattori:

1. **Tipo di lavoro**: Un team creativo potrebbe necessitare di strumenti di brainstorming visuale come Miro o Canva, mentre un team tecnico potrebbe preferire piattaforme di sviluppo e monitoraggio del codice come GitHub o Bitbucket.
2. **Dimensione del team**: Per piccoli gruppi, strumenti intuitivi e con pochi passaggi sono ideali, mentre i team di grandi dimensioni richiedono piattaforme più robuste e scalabili.
3. **Budget e accessibilità**: Le piccole imprese potrebbero beneficiare di software open-source o con abbonamenti

Capitolo 13

accessibili, mentre le aziende con budget più ampi possono investire in soluzioni premium.

1. Strumenti di comunicazione: mantenere il team connesso
La comunicazione è uno degli aspetti più critici del lavoro remoto, e gli strumenti dedicati permettono di superare le barriere imposte dalla distanza fisica. Le piattaforme di comunicazione moderne offrono chat, videochiamate e strumenti di condivisione dei file per agevolare un flusso comunicativo continuo. Esaminiamo tre tipologie di strumenti per la comunicazione e i loro usi.

- ✓ **Piattaforme di chat aziendali**: Strumenti come Slack, Microsoft Teams e Discord permettono di creare canali tematici, facilitando la gestione delle conversazioni e migliorando la trasparenza. Grazie alle chat di gruppo e ai canali privati, il team può gestire sia le conversazioni generali che quelle riservate a specifici progetti o settori.
- ✓ **Strumenti di videochiamata**: Zoom, Google Meet e Microsoft Teams offrono soluzioni di videoconferenza con funzionalità avanzate, come la condivisione dello schermo e la registrazione delle riunioni. La possibilità di effettuare videochiamate aiuta a mantenere una connessione visiva, migliorando la comunicazione e riducendo i rischi di fraintendimenti.
- ✓ **Applicazioni per la messaggistica istantanea**: In contesti che richiedono risposte rapide, strumenti come WhatsApp e Telegram permettono al team di restare connesso anche tramite dispositivi mobili, mantenendo aperta una linea di comunicazione immediata.

Approfondimento: utilizzo delle piattaforme di comunicazione per team diversi
- ✓ **Team creativi**: I team creativi spesso devono scambiarsi molte idee e risorse visive. Slack permette di condividere file, immagini e persino prototipi senza lasciare la piattaforma, mentre le videochiamate su Zoom o Google Meet facilitano i brainstorming visuali.
- ✓ **Team tecnici**: I team di sviluppo o ingegneria possono beneficiare di Discord per le sue capacità di supportare più canali audio e la condivisione dello schermo con bassissima latenza,

creando stanze di comunicazione live per il supporto tecnico o per codificare insieme in tempo reale.
- ✓ **Team amministrativi**: Per team che gestiscono dati sensibili, come risorse umane o finanza, Microsoft Teams offre integrazioni con Office 365 e strumenti di crittografia avanzata per proteggere le informazioni.

> *Un team di sviluppo software utilizza Slack per le comunicazioni quotidiane, creando canali specifici per ogni progetto. Ogni mattina, il team si riunisce su Zoom per un breve aggiornamento giornaliero, durante il quale ogni membro comunica i propri progressi e ostacoli.*
> *Questa routine permette al team di mantenere un allineamento costante, anche senza essere fisicamente nello stesso luogo. Inoltre, per questioni urgenti, il team utilizza una chat di gruppo su WhatsApp, in modo da poter ricevere risposte rapide anche in mobilità.*

2. Strumenti di gestione dei progetti: organizzare e monitorare il lavoro

La gestione dei progetti è essenziale per coordinare i compiti tra i membri del team, assegnare responsabilità e monitorare l'avanzamento delle attività. Gli strumenti di gestione dei progetti consentono di visualizzare lo stato dei lavori, gestire le scadenze e identificare eventuali colli di bottiglia.

- ✓ **Piattaforme di gestione dei progetti**: Strumenti come Asana, Trello, e Monday offrono un'interfaccia intuitiva per gestire i progetti tramite bacheche, elenchi di compiti e calendari. I manager possono assegnare compiti, monitorare le scadenze e avere una visione d'insieme del progetto, mentre i membri del team possono visualizzare il proprio lavoro e aggiornare lo stato delle attività.
- ✓ **Software per il project management avanzato**: Per progetti complessi, strumenti come Microsoft Project e Wrike offrono funzionalità avanzate di pianificazione, Gantt chart e monitoraggio dei progressi. Questi software sono particolarmente utili in progetti a lungo termine che richiedono un coordinamento preciso tra più reparti.

Capitolo 13

- ✓ **Strumenti di condivisione delle risorse e documentazione**: Google Workspace e Notion permettono di condividere documenti, fogli di calcolo e note di progetto in tempo reale. Questi strumenti facilitano la collaborazione su documenti condivisi e garantiscono che tutte le informazioni siano accessibili e aggiornate per il team.

Approfondimento: scelta della piattaforma in base al tipo di progetto
- ✓ **Progetti brevi o iterativi**: Trello e Monday, con i loro sistemi a bacheca e check-list, sono ideali per i team che lavorano su progetti iterativi come lo sviluppo agile.
- ✓ **Progetti complessi e a lungo termine**: Microsoft Project è particolarmente adatto per progetti con dipendenze complesse, offrendo visualizzazioni in Gantt per il monitoraggio delle fasi critiche.
- ✓ **Progetti creativi e collaborativi**: Notion offre funzionalità di note e schede per la creatività e la collaborazione in tempo reale, facilitando la condivisione delle idee.

> *Un'agenzia di marketing utilizza Asana per pianificare e monitorare le campagne pubblicitarie dei clienti. Ogni progetto viene suddiviso in compiti specifici con scadenze e responsabili assegnati. Durante le riunioni settimanali, il team utilizza le dashboard di Asana per verificare i progressi e discutere eventuali ritardi o problemi. Inoltre, grazie all'integrazione con Google Drive, ogni membro può accedere ai documenti e alle risorse necessarie direttamente dalla piattaforma, senza bisogno di cercare file o informazioni in diverse cartelle.*

3. Applicazioni per la produttività personale: ottimizzare il lavoro individuale

Nel lavoro remoto, la gestione del tempo e delle attività individuali è fondamentale. Le applicazioni per la produttività personale aiutano i membri del team a organizzare la giornata, a evitare distrazioni e a concentrarsi sulle priorità.

- ✓ **Strumenti per la gestione del tempo**: App come Todoist, RescueTime e Clockify permettono di pianificare e tracciare le attività giornaliere, monitorando il tempo dedicato a ciascun

Capitolo 13

compito. Questi strumenti aiutano i collaboratori a capire come gestiscono il proprio tempo e a individuare eventuali distrazioni o inefficienze.
- ✓ **Software per il blocco delle distrazioni**: Applicazioni come Focus@Will, Freedom e Forest permettono di bloccare temporaneamente siti e app distrattive, aiutando i collaboratori a rimanere concentrati sui compiti più importanti. Questo è particolarmente utile per chi lavora in ambienti domestici, dove le distrazioni sono spesso maggiori.
- ✓ **Strumenti per la presa di note e la gestione delle idee**: Evernote, Notion e Microsoft OneNote permettono di raccogliere idee, prendere appunti e organizzare le informazioni in modo strutturato. Questi strumenti aiutano i collaboratori a tenere traccia delle proprie riflessioni e delle informazioni rilevanti, facilitando il recupero dei dati e l'elaborazione delle idee.

Approfondimento: applicazioni di produttività per diverse esigenze
- ✓ **Freelance e lavoratori autonomi**: App come Todoist e Forest aiutano a gestire il tempo e a evitare distrazioni in ambienti di lavoro variabili.
- ✓ **Lavoratori in team internazionali**: Applicazioni come Notion e OneNote facilitano la collaborazione asincrona, consentendo a ogni membro di prendere appunti e lavorare sulle proprie idee senza interrompere gli altri.

> *Un designer freelance utilizza Todoist per pianificare la propria giornata e Clockify per monitorare il tempo impiegato su ogni progetto. Per evitare distrazioni, utilizza l'app Freedom per bloccare temporaneamente l'accesso ai social media durante le ore di lavoro.*
>
> *Questo approccio gli permette di mantenere alta la concentrazione e di completare i progetti nei tempi previsti, evitando di perdere tempo su attività non produttive.*

4. Strumenti di monitoraggio e analisi delle performance: valutare l'andamento del team

Il monitoraggio delle performance aiuta il manager a valutare l'andamento dei progetti e a identificare eventuali aree di miglioramento.

Capitolo 13

I sistemi di monitoraggio permettono di raccogliere dati oggettivi sul lavoro svolto, facilitando il processo decisionale e il miglioramento continuo.

- ✓ **Dashboard di performance**: Strumenti come PowerBI, Tableau e Google Data Studio permettono di creare dashboard personalizzate per monitorare i KPI del team. Questi strumenti aggregano i dati e li visualizzano in modo intuitivo, facilitando la comprensione dei risultati e aiutando i manager a prendere decisioni basate su dati concreti.
- ✓ **Strumenti di analisi delle attività**: Applicazioni come Time Doctor e Hubstaff monitorano l'attività del team, registrando il tempo dedicato a ciascun compito. Questi strumenti sono particolarmente utili per le attività di consulenza, poiché permettono di tracciare il tempo lavorativo e di giustificare i costi per i clienti.
- ✓ **Sistemi di feedback e valutazione continua**: Piattaforme come 15Five e Culture Amp permettono di raccogliere feedback regolare dai membri del team e di monitorare il clima aziendale. Il feedback continuo permette al manager di rilevare eventuali problemi e di intervenire tempestivamente, migliorando il benessere del team e l'efficacia complessiva.

Approfondimento: adattamento degli strumenti di monitoraggio ai KPI aziendali
- ✓ **Organizzazioni con focus sui risultati**: Tableau e PowerBI permettono di creare visualizzazioni specifiche per i KPI aziendali, integrando dati da più fonti e offrendo una panoramica completa.
- ✓ **Servizi di consulenza e team di supporto**: Time Doctor aiuta a tracciare il tempo, utile per la fatturazione e per garantire una gestione trasparente dei progetti.

> *Un team di supporto clienti utilizza una dashboard su Tableau per monitorare il numero di ticket risolti, i tempi di risposta e la soddisfazione dei clienti. Ogni settimana, il team si riunisce per analizzare i dati e discutere le eventuali criticità, come tempi di*

Capitolo 13

risposta troppo lunghi o una riduzione della soddisfazione. Grazie a questi strumenti, il manager riesce a individuare rapidamente le aree di miglioramento e a fornire un feedback mirato al team.

Capitolo 14

Bilanciare il benessere e l'equilibrio tra vita e lavoro nel lavoro remoto

La sfida del benessere nel lavoro remoto

Il lavoro remoto offre flessibilità e autonomia, ma comporta anche sfide significative. Quando l'ambiente domestico diventa uno spazio di lavoro, è facile che i confini tra vita privata e professionale si sovrappongano, creando rischi di sovraccarico mentale e fisico. Per questo, è essenziale che i leader promuovano una cultura del benessere che rispetti la salute dei collaboratori e garantisca un equilibrio sostenibile.

1. Creare una cultura del benessere: promuovere il rispetto del tempo personale

Per i team remoti, essere sempre connessi può diventare una tentazione e una trappola pericolosa, creando aspettative di disponibilità continua. Per evitare questa "cultura della disponibilità," i leader devono stabilire pratiche che rispettino il tempo personale, e che incoraggino i collaboratori a mantenere una routine bilanciata.

- ✓ **Stabilire orari di lavoro chiari e condivisi**: Oltre a stabilire orari di lavoro definiti, i manager possono creare linee guida su come e quando comunicare, chiarendo che la disponibilità non è richiesta fuori dall'orario lavorativo.
- ✓ **Promuovere pause strutturate durante la giornata**: Creare un sistema che incoraggi brevi pause ogni 90 minuti, per aiutare a

Capitolo 14

rigenerare energia e concentrazione. Questo può includere momenti per fare stretching, rilassamento guidato, o una breve passeggiata.
- ✓ **Evitare di inviare comunicazioni fuori orario**: Molte piattaforme, come Outlook o Slack, consentono di programmare messaggi da inviare in orario lavorativo. I manager possono incentivare l'uso di questa funzione per evitare di sovraccaricare i collaboratori.

> *Un'azienda tecnologica ha implementato una politica chiamata "Digital Sunset," che consiste nel disconnettere tutti i collaboratori dalle piattaforme aziendali dopo le 18:00. Questa pratica è stata estesa anche ai manager, che rispettano il tempo libero dei dipendenti evitando di inviare email o messaggi dopo l'orario. L'azienda ha inoltre istituito un calendario condiviso, in cui ogni collaboratore può visualizzare i principali impegni e organizzare il proprio lavoro in modo autonomo, rispettando i momenti di disconnessione.*
> *Questa politica ha rafforzato la fiducia tra manager e collaboratori e ridotto i casi di burnout.*

2. Flessibilità e autonomia: favorire la personalizzazione degli orari di lavoro

Una delle maggiori attrattive del lavoro remoto è la flessibilità, che consente ai collaboratori di adattare i loro orari di lavoro alle proprie esigenze personali, evitando il tradizionale "9-to-5" e favorendo una maggiore autonomia. La flessibilità oraria offre numerosi benefici, come la riduzione dello stress e l'aumento della soddisfazione.

- ✓ **Offrire la possibilità di orari flessibili**: Per i manager, è utile stabilire delle fasce orarie flessibili in cui i collaboratori possono lavorare in base alle proprie necessità. Questa flessibilità riduce il rischio di stress e permette ai collaboratori di raggiungere il loro massimo livello di produttività.
- ✓ **Incoraggiare il lavoro asincrono nei team internazionali**: Nei team distribuiti su più fusi orari, il lavoro asincrono permette a ogni membro di svolgere i propri compiti durante le ore di massima concentrazione, evitando la pressione degli orari rigidi.

Questo approccio richiede una comunicazione chiara e strumenti di gestione dei progetti ben organizzati.
- ✓ **Valutare il lavoro in base ai risultati**: Concentrarsi sui risultati raggiunti, invece che sulle ore lavorate, migliora l'autonomia e la responsabilizzazione, aumentando la motivazione e il senso di realizzazione personale.

> *Un team di marketing internazionale ha adottato il lavoro asincrono, che consente ai collaboratori di adattare i propri orari al fuso orario di appartenenza. Ogni lunedì, il team tiene una riunione registrata in cui vengono condivisi i principali obiettivi settimanali, e chi non può partecipare può rivedere la registrazione. Le attività settimanali sono organizzate su Trello, dove ogni collaboratore aggiorna lo stato delle proprie attività, garantendo una visibilità completa per il team. Grazie a questa soluzione, il team ha raggiunto un equilibrio più sano, con un netto miglioramento della produttività e dell'umore generale.*

3. Promuovere il benessere fisico e mentale: strategie per la salute dei collaboratori

Nel lavoro remoto, la mancanza di movimento e il prolungato tempo trascorso al computer possono avere effetti negativi sulla salute fisica e mentale. I manager possono sostenere il benessere globale del team con strategie che incoraggino l'attività fisica e il benessere mentale, creando un ambiente di lavoro che favorisce la salute a lungo termine.

- ✓ **Incentivare l'attività fisica**: Promuovere il movimento fisico tramite iniziative di benessere, come sfide di attività o accesso a programmi di allenamento online. Alcune aziende offrono rimborsi per l'iscrizione in palestra o per attività fisiche, incentivando il team a mantenersi attivo.
- ✓ **Fornire supporto psicologico e coaching**: Offrire consulenze psicologiche e sessioni di coaching periodico permette ai collaboratori di discutere di eventuali difficoltà, ansie o problematiche legate all'isolamento. Il supporto psicologico, anche sotto forma di gruppi di discussione, può fare la differenza per il benessere emotivo.
- ✓ **Organizzare eventi di benessere virtuali**: Proporre sessioni di meditazione o mindfulness settimanali e organizzare workshop

di gestione dello stress e dell'ansia contribuisce a migliorare il benessere psicofisico e a rafforzare il legame del team.

Una società di consulenza organizza mensilmente una "Settimana del Benessere" in cui i collaboratori possono partecipare a corsi di yoga e mindfulness online. Ogni venerdì, il team tiene una sessione virtuale di "Meditazione e Riflessione" guidata, che aiuta i membri del team a rilassarsi e a riflettere sui traguardi raggiunti nella settimana.
Queste iniziative hanno migliorato la motivazione del team e ridotto i livelli di stress, creando un ambiente di lavoro remoto che valorizza il benessere a 360 gradi.

4. Gestire il sovraccarico e il burnout: strategie di prevenzione

Il burnout è una delle principali minacce per i lavoratori remoti. Quando il carico di lavoro diventa eccessivo e non ci sono momenti di recupero, il rischio di esaurimento mentale e fisico diventa reale. Prevenire il burnout è essenziale per mantenere alta la produttività e per preservare la salute mentale del team.

- ✓ **Monitorare e bilanciare il carico di lavoro**: È importante che i manager monitorino il carico di lavoro di ciascun membro del team, redistribuendo i compiti quando necessario. Una buona pratica è quella di creare una rotazione tra i collaboratori, in modo che tutti abbiano tempo per ricaricarsi.
- ✓ **Fornire feedback regolare e incoraggiare il dialogo**: Creare un ambiente aperto e trasparente permette ai collaboratori di esprimere le proprie difficoltà e di sentirsi supportati. Il feedback frequente aiuta a mantenere la motivazione e a ridurre il rischio di sovraccarico emotivo.
- ✓ **Incoraggiare la disconnessione periodica e offrire giornate di pausa aggiuntive**: Dare al team delle giornate libere ogni trimestre può aiutare i collaboratori a riprendersi dallo stress e a ricaricarsi, evitando l'insorgenza del burnout.

In un team di sviluppo software, il manager organizza "settimane leggere" ogni due mesi, in cui i collaboratori lavorano su progetti secondari o partecipano a sessioni di formazione, senza la pressione delle scadenze.

Questi periodi di riduzione del carico di lavoro aiutano il team a recuperare energia e a rientrare nella routine con rinnovato entusiasmo, riducendo significativamente i casi di burnout e migliorando il morale.

5. Favorire il supporto sociale e il team building a distanza

L'isolamento sociale può influire negativamente sul benessere dei collaboratori remoti. Per mantenere un ambiente di lavoro coeso e collaborativo, è importante che i manager incentivino il supporto sociale e organizzino momenti di team building anche virtuali.

- ✓ **Organizzare incontri informali regolari**: Incontri informali, come pause caffè o happy hour online, aiutano a creare connessioni personali e a mantenere un senso di appartenenza.
- ✓ **Creare gruppi di supporto o team di mentoring**: Nei team di grandi dimensioni, i gruppi di supporto e i mentori aiutano i nuovi collaboratori a integrarsi e a sentirsi supportati.
- ✓ **Incentivare la condivisione di esperienze e successi**: Promuovere la condivisione di successi e momenti positivi, come i traguardi personali o gli obiettivi raggiunti, rafforza i legami tra i membri del team e rende l'ambiente più umano.

Una startup tecnologica ha introdotto l'"Ora del Caffè Virtuale" ogni martedì, in cui i membri del team si connettono su Zoom per una chiacchierata informale. Inoltre, una volta al mese viene organizzato un "Pranzo Virtuale," dove i collaboratori sono invitati a ordinare un pasto a domicilio a spese dell'azienda e a condividerlo virtualmente con il team.
Queste iniziative hanno ridotto l'isolamento, aumentando la coesione e la motivazione generale.

Capitolo 14 – *Considerazioni e spunti pratici*

Il benessere come fondamento della produttività sostenibile

Promuovere il benessere nel lavoro remoto non è solo una buona pratica, ma una necessità per garantire la produttività e la soddisfazione a lungo termine del team.

1. Il rispetto del tempo personale come valore fondamentale
Rispettare i confini orari dei collaboratori dimostra considerazione verso le loro esigenze personali e permette di costruire un ambiente di lavoro motivante e sostenibile.

2. La flessibilità come motivatore di autonomia
Offrire flessibilità oraria consente ai collaboratori di adattarsi alle proprie esigenze personali, migliorando la qualità della vita e rendendo l'esperienza lavorativa più positiva.

3. Il benessere fisico e mentale come priorità assoluta
Un ambiente di lavoro che valorizza il benessere fisico e mentale permette ai collaboratori di esprimere il proprio potenziale in modo sano e sostenibile.

4. La prevenzione del burnout come responsabilità condivisa
Il burnout può minacciare la salute del team e la qualità del lavoro. Monitorare il carico di lavoro e fornire supporto emotivo è fondamentale per prevenire situazioni di esaurimento.

5. Il supporto sociale come collante del team remoto
Un ambiente che promuove la socialità e il supporto reciproco aiuta a creare relazioni forti e a ridurre il senso di isolamento

Capitolo 15

Strumenti per la collaborazione e la creatività nel team remoto

La sfida della creatività e della collaborazione a distanza

La collaborazione e la creatività sono aspetti essenziali per qualsiasi team di successo, ma possono diventare difficili da stimolare quando i membri lavorano a distanza. Perché un team remoto sia davvero innovativo, è necessario che i manager creino un ambiente favorevole, sfruttando strumenti e pratiche che facilitino l'interazione e il lavoro di gruppo. Questo capitolo esplora diverse tecnologie e strategie per promuovere la collaborazione creativa, rendendo il lavoro a distanza un'occasione di crescita e di nuove idee.

1. Spazi di lavoro virtuale: creare un ambiente collaborativo

Un ambiente collaborativo è la base per favorire il brainstorming e la creatività. Gli spazi di lavoro virtuale permettono ai membri del team di sentirsi presenti, anche se sono fisicamente distanti, e di interagire in modo strutturato e stimolante.

- ✓ **Piattaforme di lavagna digitale**: Strumenti come Miro, MURAL e Jamboard di Google consentono ai team di creare mappe concettuali, diagrammi di flusso, e di visualizzare le idee durante le sessioni di brainstorming. Questi strumenti rendono il

lavoro più dinamico, permettendo a tutti i partecipanti di contribuire in tempo reale con note, disegni e commenti.
✓ **Soluzioni di co-working virtuale**: Alcune piattaforme, come Sococo e Gather, ricreano un ambiente virtuale in cui i collaboratori possono "entrare" in stanze virtuali per lavorare insieme, simulando l'esperienza di condivisione di uno spazio di lavoro fisico.
✓ **Strumenti di brainstorming e mappe mentali**: MindMeister e Lucidchart sono ottimi per creare mappe mentali e rappresentare visivamente le idee del team. Questi strumenti aiutano a visualizzare connessioni e a strutturare il processo creativo, rendendo più facile costruire idee complesse.

> *Un team di progettazione utilizza Miro per una sessione di brainstorming settimanale. Ogni membro del team è incoraggiato a partecipare alla lavagna condivisa, aggiungendo idee e commenti in tempo reale. Il manager facilita la sessione impostando delle domande guida e permettendo a ciascuno di presentare le proprie idee.*
> *Questa pratica ha portato alla creazione di concept originali e ha ridotto il tempo di progettazione, mantenendo alto il coinvolgimento di tutti i membri.*

2. Comunicazione sincrona e asincrona: sfruttare i vantaggi di entrambi i metodi

Perché il lavoro remoto sia davvero efficace, è importante trovare un equilibrio tra comunicazione sincrona e asincrona, in modo che ogni membro del team possa esprimere al meglio le proprie idee senza essere limitato dal fuso orario o da orari rigidi.

✓ **Strumenti di comunicazione sincrona**: Zoom, Microsoft Teams e Google Meet permettono di organizzare riunioni in tempo reale, con funzionalità come la condivisione dello schermo, le breakout rooms e la registrazione delle riunioni. Questi strumenti sono particolarmente utili per i brainstorming intensivi, dove è necessaria una comunicazione rapida e diretta.
✓ **Piattaforme di comunicazione asincrona**: Strumenti come Loom, Slack e Trello permettono di condividere aggiornamenti e idee senza bisogno di una risposta immediata, riducendo la

Capitolo 15

pressione e lasciando più tempo per la riflessione. Questi strumenti sono ideali per i team che lavorano su diversi fusi orari o che devono portare avanti attività creative in autonomia.
- ✓ **Integrazione delle due modalità**: Molte aziende utilizzano una combinazione di riunioni sincrone per le discussioni iniziali e di comunicazioni asincrone per portare avanti il lavoro, utilizzando Slack per la messaggistica e Google Drive per aggiornare documenti e idee in tempo reale.

> *Un team di sviluppo di prodotto organizza una riunione settimanale su Zoom per discutere delle idee più innovative per il prodotto. Durante la settimana, i membri del team utilizzano Slack per condividere aggiornamenti e nuovi spunti, consentendo a ciascuno di contribuire senza pressione. Ogni proposta viene poi integrata in una dashboard Trello, dove il team può monitorare lo stato di avanzamento delle idee.*
> *Questo approccio bilancia la necessità di interazione in tempo reale con la flessibilità della comunicazione asincrona.*

3. Progettazione creativa e lavoro di gruppo: sfruttare gli strumenti di design collaborativo

Nel lavoro creativo, la condivisione e il feedback in tempo reale sono fondamentali per lo sviluppo di idee innovative. Gli strumenti di design collaborativo permettono di lavorare simultaneamente su documenti visivi, creando un flusso di lavoro che stimola la creatività.

- ✓ **Strumenti di design grafico collaborativo**: Canva, Figma e Adobe XD offrono piattaforme che permettono a più persone di lavorare contemporaneamente su un progetto grafico, lasciando commenti e suggerimenti. Questi strumenti sono particolarmente utili per i team di design, poiché permettono di creare bozze e di sviluppare concept visivi in tempo reale.
- ✓ **Piattaforme per la revisione creativa**: Filestage e GoVisually consentono di raccogliere feedback visivi su immagini e video, permettendo a ogni membro di lasciare annotazioni direttamente sui contenuti. Questa funzionalità è molto utile per progetti visivi complessi, poiché permette di tenere traccia di ogni modifica e suggerimento.

Capitolo 15

- ✓ **Strumenti di prototipazione e sviluppo**: Strumenti come InVision e Sketch permettono di creare prototipi e wireframe, fondamentali per il design di prodotti digitali. Questi strumenti facilitano l'interazione con i componenti del team e aiutano a visualizzare e migliorare i progetti in modo collaborativo.

> *Un team di sviluppo web utilizza Figma per la progettazione di una nuova interfaccia utente. Durante una sessione di co-design, ogni membro può visualizzare e modificare il design in tempo reale, discutendo delle soluzioni migliori per migliorare l'usabilità del prodotto. Grazie a Figma, il team riesce a lavorare con efficienza anche a distanza, velocizzando il processo di sviluppo e migliorando la qualità del prodotto finale.*

4. Innovazione e brainstorming a distanza: tecniche e strumenti per il pensiero creativo

Promuovere l'innovazione e il brainstorming a distanza richiede strategie che rendano la partecipazione facile e coinvolgente. I manager possono utilizzare tecniche specifiche e strumenti digitali per stimolare la creatività e raccogliere idee da tutto il team.

- ✓ **Tecniche di brainstorming strutturate**: Le tecniche come il "brainwriting" e il "Six Thinking Hats" di Edward de Bono, utilizzate su lavagne digitali come Miro, aiutano il team a generare idee senza pressioni, dando spazio a ogni partecipante. Il brainwriting, ad esempio, consente a ciascuno di scrivere le proprie idee in modo anonimo, favorendo una maggiore libertà creativa.
- ✓ **Piattaforme per sondaggi e raccolta di idee**: Strumenti come Poll Everywhere e Mentimeter permettono di raccogliere opinioni e feedback dal team in modo rapido e coinvolgente, utilizzando sondaggi e quiz. Questi strumenti sono ideali per raccogliere idee in modo democratico e per avere un'idea delle preferenze generali del team.
- ✓ **Metodi di ideazione collaborativa**: Il metodo del "Crazy 8," che consiste nel generare otto idee in otto minuti, può essere adattato alle lavagne digitali per creare un flusso rapido di idee, senza giudizi iniziali. Questo metodo aiuta i collaboratori a

Capitolo 15

esplorare opzioni fuori dagli schemi e a ridurre il timore di proporre idee non convenzionali.

> *Durante un meeting virtuale, un team creativo utilizza Miro per una sessione di Crazy 8. Ogni membro del team disegna rapidamente otto idee per una nuova campagna pubblicitaria, senza preoccuparsi della fattibilità iniziale. Dopo otto minuti, ciascuno presenta le proprie idee al gruppo, e le proposte più promettenti vengono selezionate per una fase di approfondimento.*
> *Questo metodo ha permesso al team di esplorare nuove prospettive, generando idee fresche e innovative.*

5. Strumenti di documentazione e condivisione della conoscenza: creare una base solida per l'innovazione

La documentazione è essenziale per preservare e condividere il patrimonio di conoscenze del team. Strumenti di documentazione ben strutturati permettono di avere un archivio centrale delle idee e delle soluzioni già esplorate, facilitando la ripresa del lavoro e la crescita collettiva.

- ✓ **Wiki aziendali e Knowledge Base**: Confluence, Notion e Guru permettono di creare un archivio centralizzato delle conoscenze aziendali, raccogliendo procedure, idee e best practice. Questi strumenti migliorano l'efficienza e permettono a tutti i membri del team di accedere rapidamente alle informazioni.
- ✓ **Strumenti di archiviazione e condivisione dei documenti**: Google Drive e Dropbox Business consentono di archiviare documenti in modo ordinato, rendendo ogni file accessibile a tutti. La possibilità di commentare i documenti permette di fornire feedback senza creare duplicati o confusioni.
- ✓ **Piattaforme per la gestione delle idee**: IdeaScale e Spigit sono piattaforme dedicate alla raccolta e gestione delle idee. Questi strumenti permettono ai team di proporre idee, discuterne e votarle, creando un flusso continuo di innovazione e un ambiente collaborativo.

> *Una startup tecnologica utilizza Notion come wiki aziendale, dove ogni membro del team può contribuire aggiungendo*

documenti e best practice. Le idee più innovative vengono catalogate per argomento e progetto, e i membri del team possono accedere alla documentazione in qualsiasi momento. Questa pratica ha migliorato la continuità dei progetti e ha creato una cultura aziendale più aperta e collaborativa.

Capitolo 15 - Considerazioni e spunti pratici

Creare un ambiente di innovazione nel lavoro remoto

La creatività e la collaborazione sono fattori cruciali per il successo del lavoro remoto. Creare un ambiente che incoraggi l'innovazione e il lavoro di gruppo richiede un mix di strumenti digitali e tecniche di facilitazione che permettano a ogni membro del team di esprimersi liberamente e di contribuire al processo creativo.

1. Un ambiente virtuale che stimola la creatività
Utilizzare piattaforme di lavagna digitale e spazi di lavoro collaborativi aiuta a ricreare un ambiente di brainstorming stimolante, dove le idee possono essere condivise e visualizzate con facilità.

2. Equilibrio tra comunicazione sincrona e asincrona
Unire comunicazione sincrona e asincrona permette al team di lavorare in modo flessibile, riducendo le barriere di tempo e di fuso orario e permettendo un flusso di idee continuo.

3. Piattaforme di design e revisione in tempo reale
Per i team creativi, le piattaforme di design collaborativo permettono di lavorare insieme sui progetti visivi e di migliorare la qualità del lavoro in modo rapido ed efficace.

4. Tecniche di brainstorming strutturato
Applicare tecniche di brainstorming strutturate stimola la creatività, riducendo il timore di proporre idee nuove e non convenzionali.

5. Documentazione e condivisione della conoscenza
Un sistema di documentazione solido permette di preservare e condividere la conoscenza aziendale, facilitando la collaborazione e l'innovazione nel lungo termine.

Capitolo 16

Conclusioni e prospettive future

La leadership nell'era dello smartworking: una nuova frontiera

L'avvento dello smartworking ha cambiato radicalmente le modalità di lavoro, portando i manager a confrontarsi con nuove responsabilità e a sviluppare competenze specifiche per guidare team distribuiti in modo efficace. Non si tratta solo di adattare strumenti e pratiche, ma di abbracciare un approccio completamente nuovo alla leadership, orientato all'empatia, alla flessibilità e alla comunicazione chiara. In questo capitolo, rifletteremo su come queste competenze si integrano nel ruolo manageriale e quali saranno le prospettive future per una leadership efficace in un mondo del lavoro sempre più flessibile.

1. Riepilogo delle competenze fondamentali per una leadership smart

Una leadership efficace nel contesto dello smartworking richiede un insieme di competenze integrate che coprono aree chiave come la comunicazione, la produttività, il benessere dei dipendenti, e la creatività. Vediamo nel dettaglio le competenze essenziali che ogni manager deve possedere per guidare un team remoto.

Comunicazione chiara e strutturata
In assenza di interazioni faccia a faccia, una comunicazione chiara e strutturata diventa il pilastro della leadership. I manager devono non solo trasmettere informazioni con precisione, ma anche rendere le comunicazioni accessibili e coerenti. I canali di comunicazione devono essere stabiliti in modo chiaro, indicando quali strumenti utilizzare per le diverse tipologie di messaggi: email per aggiornamenti importanti, chat aziendale per la comunicazione rapida, e riunioni video per discussioni più approfondite.

Empatia e intelligenza emotiva
Essere un leader empatico significa comprendere i bisogni e le sfide dei collaboratori, soprattutto in un contesto dove l'isolamento può essere una realtà quotidiana. L'intelligenza emotiva consente ai manager di connettersi a livello umano con il team, di identificare eventuali segnali di stress o di difficoltà e di offrire supporto in modo tempestivo. La gestione delle emozioni, sia proprie che altrui, diventa essenziale per promuovere un ambiente di lavoro positivo e motivante.

Gestione della produttività e delle performance
Nel lavoro remoto, i risultati contano più delle ore lavorate. La leadership deve essere orientata alla performance, definendo KPI chiari e obiettivi misurabili per ogni membro del team. Inoltre, è fondamentale adottare una gestione della produttività che rispetti il ritmo di lavoro di ogni persona, consentendo loro di organizzare il proprio tempo in base alle esigenze personali e familiari. Questo approccio contribuisce a migliorare la soddisfazione lavorativa e la produttività complessiva.

Promozione della creatività e dell'innovazione
Lo smartworking richiede uno sforzo intenzionale per mantenere alta la creatività. I manager devono saper stimolare il pensiero innovativo, promuovendo sessioni di brainstorming strutturate e utilizzando strumenti digitali che facilitino la condivisione delle idee. Una leadership smart crea spazi in cui ogni membro del team si sente libero di contribuire e di esplorare nuove prospettive.

Equilibrio tra vita privata e lavoro
Uno dei rischi principali del lavoro remoto è la difficoltà nel separare la vita privata dal lavoro. I manager devono promuovere un equilibrio sano, incentivando i collaboratori a prendere pause regolari e a rispettare orari di disconnessione. Un team che gode di un buon equilibrio tra vita e lavoro è più motivato, più produttivo e meno incline al burnout.

Questi elementi costituiscono la base di una leadership adattiva e orientata al benessere del team, una leadership capace di affrontare le sfide dello smartworking e di garantire un ambiente di lavoro produttivo e sereno.

2. Le sfide attuali e le soluzioni per il manager del futuro

Le sfide del lavoro remoto richiedono soluzioni specifiche e innovative per garantire un ambiente di lavoro efficiente e inclusivo. Esploriamo alcune delle principali sfide e le strategie per superarle.

Sfida 1: mantenere l'engagement e la motivazione
Il rischio di isolamento e di alienazione è una delle difficoltà più sentite nei team remoti. Per mantenere alto l'engagement, i manager possono organizzare eventi virtuali che favoriscono la socializzazione, come giochi di squadra online, corsi di benessere o incontri settimanali informali. Inoltre, riconoscere pubblicamente i successi del team, anche attraverso semplici messaggi di apprezzamento, rafforza il senso di appartenenza e incoraggia un impegno continuo.

Sfida 2: creare e mantenere la cultura aziendale
La cultura aziendale è il filo conduttore che unisce i membri del team e che favorisce la coesione. Per mantenerla viva nel contesto remoto, i manager possono utilizzare strumenti di social networking interni, come piattaforme di collaborazione e canali di comunicazione dedicati ai valori aziendali. Inoltre, definire una serie di tradizioni, come i "check-in" settimanali o le giornate dedicate alla formazione, rafforza la cultura aziendale e promuove un senso di comunità.

Sfida 3: gestire la produttività in modo flessibile
Un team produttivo non è necessariamente un team che lavora molte ore. I manager possono adottare una metodologia di lavoro flessibile, basata

su obiettivi piuttosto che su orari rigidi, per incoraggiare l'autonomia e la responsabilità individuale. Strumenti come i KPI e i feedback regolari aiutano a monitorare i progressi, mentre l'adozione di pratiche di lavoro asincrono riduce la pressione di dover rispondere immediatamente a ogni richiesta.

Sfida 4: bilanciare la comunicazione sincrona e asincrona
In un ambiente remoto, una comunicazione equilibrata tra modalità sincrone e asincrone è fondamentale per ridurre il sovraccarico informativo e per rispettare i tempi personali di ogni collaboratore. Definire quali attività richiedono interazioni sincrone, come le riunioni di allineamento, e quali possono essere gestite in modalità asincrona, come l'aggiornamento dei progressi su progetti di lungo termine, è una pratica efficace per ottimizzare il tempo e ridurre lo stress.

Sfida 5: affrontare la complessità tecnologica
L'utilizzo di molteplici piattaforme e strumenti può diventare una sfida per il team. I manager possono semplificare il flusso di lavoro standardizzando gli strumenti e formando il team su come utilizzarli al meglio. Inoltre, l'implementazione di un sistema di supporto tecnico accessibile e una politica di aggiornamento costante delle piattaforme assicurano che il team possa lavorare senza interruzioni tecniche.

3. I vantaggi di una leadership smart nell'era del lavoro remoto

Adottare una leadership orientata allo smartworking offre vantaggi significativi per i collaboratori, per i manager e per l'azienda nel suo insieme.

Vantaggio 1: migliore soddisfazione e retention dei collaboratori
Un ambiente di lavoro che valorizza la flessibilità e il benessere personale migliora la soddisfazione lavorativa e riduce il turnover. Quando i dipendenti si sentono sostenuti e rispettati nelle loro esigenze, tendono a rimanere in azienda più a lungo e a contribuire in modo più attivo alla sua crescita.

Vantaggio 2: incremento della produttività e dell'innovazione
La possibilità di lavorare in modo autonomo stimola la creatività e l'innovazione. I dipendenti si sentono incoraggiati a proporre idee nuove

Capitolo 16

e a esplorare soluzioni alternative, contribuendo al miglioramento dei processi aziendali e alla competitività dell'organizzazione.

Vantaggio 3: risparmio di costi e risorse
La riduzione degli spazi fisici e dei costi legati alla gestione degli uffici permette alle aziende di ottimizzare le proprie risorse. Inoltre, il lavoro remoto contribuisce alla sostenibilità ambientale, riducendo gli spostamenti e l'impatto ecologico legato al consumo energetico degli uffici.

Vantaggio 4: accesso a un bacino di talenti globale
Lo smartworking permette di superare le barriere geografiche e di assumere talenti da ogni parte del mondo. Questo amplia il bacino di risorse e permette alle aziende di trovare le competenze migliori, aumentando la diversità e la varietà di prospettive all'interno del team.

Questi vantaggi rendono il lavoro remoto una scelta strategica che può migliorare la competitività e l'adattabilità delle aziende, contribuendo alla creazione di un ambiente di lavoro moderno e sostenibile.

4. Prospettive future: la leadership e il lavoro remoto domani

Il futuro della leadership nel lavoro remoto si prospetta dinamico e ricco di cambiamenti, guidato dall'evoluzione tecnologica e dalle nuove esigenze del mercato del lavoro. Di seguito esploriamo alcune delle principali tendenze e prospettive per il futuro del lavoro remoto.

Il Modello di lavoro ibrido: un nuovo equilibrio
Il lavoro ibrido è destinato a diventare una pratica diffusa, unendo i vantaggi del lavoro remoto con quelli del lavoro in ufficio. I manager dovranno sviluppare competenze specifiche per gestire team in cui alcuni collaboratori lavorano in presenza e altri a distanza, creando politiche inclusive e flessibili che garantiscano pari opportunità e accesso alle informazioni.

L'Intelligenza Artificiale come supporto alla leadership
L'adozione dell'intelligenza artificiale nel lavoro remoto porterà a nuove opportunità di automazione e di analisi dei dati. I manager potranno utilizzare strumenti di AI per monitorare la produttività, analizzare il

benessere dei collaboratori e prevedere le necessità future, consentendo una gestione più proattiva e informata del team.

La crescita delle competenze trasversali
Le soft skills diventeranno sempre più importanti per una leadership efficace. Competenze come la comunicazione, la gestione dello stress e l'empatia diventeranno fondamentali per gestire team distribuiti e per creare un ambiente di lavoro armonioso. Investire nella formazione continua delle competenze trasversali sarà essenziale per affrontare le sfide future.

La centralità del benessere e della sostenibilità
Il benessere dei dipendenti e la sostenibilità saranno valori centrali per le aziende del futuro. La capacità di offrire un ambiente di lavoro che rispetti la salute mentale e fisica, e che riduca l'impatto ambientale, sarà un elemento distintivo per attrarre e trattenere i talenti. I manager saranno chiamati a promuovere politiche di benessere integrato, valorizzando la sostenibilità e creando un ambiente di lavoro che supporti la crescita personale e professionale.

Capitolo 16 - Considerazioni e spunti pratici

Verso una leadership consapevole e inclusiva

L'era dello smartworking rappresenta molto più di un cambiamento logistico; è una rivoluzione culturale e organizzativa che ridefinisce il ruolo del leader e la natura stessa del lavoro. La leadership oggi non si limita alla gestione delle attività quotidiane, ma si estende verso la costruzione di un ambiente di lavoro resiliente, inclusivo e motivante, capace di adattarsi rapidamente ai cambiamenti e di promuovere il benessere individuale e collettivo. Essere leader in un mondo del lavoro in continua evoluzione richiede una visione che vada oltre il qui e ora, abbracciando valori di empatia, sostenibilità e crescita personale.

Il ruolo del leader consapevole

Un leader consapevole è colui che non solo riconosce le proprie responsabilità manageriali, ma che comprende anche l'impatto delle proprie azioni e decisioni sulle persone e sull'ambiente circostante. Questo tipo di leadership si basa sulla riflessione costante, sull'apprendimento continuo e sulla capacità di adattarsi. Un leader consapevole:

- ✓ **Si interroga sulle proprie azioni** e cerca di comprendere come queste influenzano i collaboratori e l'intera organizzazione.
- ✓ **Promuove la trasparenza** nelle decisioni e crea un ambiente di fiducia, dove le persone si sentono libere di esprimersi e di contribuire.
- ✓ **Agisce con integrità** e rispetta i valori dell'organizzazione, creando una cultura aziendale coerente e autentica.
- ✓ **Investe nel proprio sviluppo personale**, riconoscendo che la crescita del team passa anche attraverso la propria crescita.

Essere consapevoli significa anche riconoscere che ogni decisione ha delle conseguenze, non solo immediate, ma anche a lungo termine. Un leader che lavora con questa mentalità contribuisce a creare un ambiente di lavoro stabile e coeso, dove i collaboratori si sentono supportati e rispettati.

La leadership inclusiva come fondamento del successo
L'inclusività è un valore fondamentale per una leadership moderna e orientata al futuro. Una leadership inclusiva non solo accoglie la diversità di prospettive e background, ma valorizza attivamente ogni voce, contribuendo a creare un ambiente in cui ciascun collaboratore può esprimere al massimo il proprio potenziale. In un contesto di smartworking, l'inclusività assume un'importanza ancora maggiore, poiché la distanza fisica può facilmente portare a sentimenti di isolamento o marginalizzazione.

Un leader inclusivo:

1. **Si impegna per dare voce a tutti i membri del team**, incoraggiando la partecipazione attiva e ascoltando con attenzione le idee di ciascuno.
2. **Promuove un ambiente di lavoro che rispetta le diversità** e che offre opportunità di crescita per ogni collaboratore, indipendentemente dal luogo in cui lavora.
3. **Riconosce e celebra i successi individuali e collettivi**, creando un senso di appartenenza e di comunità anche a distanza.
4. **Incoraggia la collaborazione tra persone con competenze e background diversi**, favorendo la creatività e l'innovazione attraverso una cultura aperta e inclusiva.

La leadership inclusiva è quella che comprende l'importanza di dare uguali opportunità a ogni collaboratore, abbattendo le barriere fisiche e culturali. Questa leadership non solo migliora il benessere e la produttività del team, ma costruisce anche una reputazione aziendale positiva, attirando talenti di qualità che cercano un ambiente di lavoro accogliente e rispettoso.

La centralità del benessere e della sostenibilità
Nel mondo del lavoro odierno, la sostenibilità e il benessere non sono più aspetti accessori, ma pilastri fondamentali di una leadership responsabile. Il benessere del team non è solo un obiettivo, ma un percorso quotidiano che richiede un impegno continuo da parte del leader. Creare un ambiente di lavoro che favorisca l'equilibrio tra vita privata e lavoro, che prevenga

il burnout e che promuova la salute mentale e fisica dei collaboratori è essenziale per il successo a lungo termine.

Un leader che pone il benessere al centro della propria gestione:

1. **Stabilisce politiche che promuovono il rispetto dei tempi personali**, incoraggiando pause regolari e momenti di disconnessione.
2. **Crea un ambiente sicuro e supportivo**, dove i collaboratori possono esprimere le proprie difficoltà senza timore di giudizio, facilitando l'accesso a risorse di supporto psicologico e professionale.
3. **Incoraggia uno stile di vita sostenibile**, riducendo la necessità di spostamenti e offrendo la flessibilità di lavorare da casa.
4. **Promuove la sostenibilità ambientale**, ad esempio limitando il consumo energetico aziendale e incentivando pratiche eco-friendly, come l'uso di documentazione digitale e la riduzione degli sprechi.

Questa attenzione al benessere e alla sostenibilità riflette un impegno per un futuro in cui l'organizzazione non solo raggiunge i propri obiettivi economici, ma contribuisce anche a un mondo più sostenibile e a una società più sana e inclusiva.

La visione di una leadership evolutiva e adattabile

In un contesto di cambiamenti rapidi e continui, la capacità di adattarsi è una qualità essenziale per qualsiasi leader. La leadership evolutiva non si limita a rispondere alle sfide, ma anticipa i cambiamenti, vede le opportunità nelle difficoltà e sa orientare il team verso un futuro migliore. Essere un leader evolutivo significa avere la visione per identificare le tendenze emergenti, la flessibilità per adattarsi rapidamente e la determinazione per guidare il cambiamento.

Questa capacità di adattamento consente ai manager di:

1. **Rispondere in modo proattivo alle esigenze del mercato**, mantenendo l'azienda competitiva e pronta ad affrontare nuove sfide.

2. **Sperimentare e innovare**, creando un ambiente in cui ogni idea può essere testata e valutata per contribuire al miglioramento continuo.
3. **Promuovere una cultura del cambiamento**, in cui il team è preparato a evolversi e a crescere, abbracciando la novità con entusiasmo e curiosità.
4. **Sostenere la formazione continua**, garantendo che il team sviluppi competenze aggiornate e che sia preparato per le sfide future.

Una leadership adattabile è una leadership resiliente, in grado di affrontare i momenti di crisi senza perdere di vista gli obiettivi di lungo termine. La capacità di adattarsi permette ai leader di trasformare le difficoltà in opportunità di crescita e di guidare il team verso un futuro di successo e innovazione.

L'importanza della crescita personale e professionale continua

La leadership nel lavoro remoto richiede un impegno continuo per la crescita personale e professionale. Essere un leader non significa solo guidare gli altri, ma anche lavorare su se stessi, migliorando le proprie competenze e acquisendo nuove abilità. La crescita del team e dell'organizzazione è indissolubilmente legata alla crescita personale del leader, che deve essere un esempio di apprendimento continuo e di miglioramento.

Investire nella propria crescita personale consente ai leader di:

1. **Mantenere alta la motivazione e la passione per il proprio lavoro**, trasmettendo energia e entusiasmo al team.
2. **Sviluppare nuove competenze**, che permettano di affrontare le sfide con sicurezza e creatività.
3. **Esplorare nuovi approcci alla leadership**, che rispondano meglio alle esigenze di un team distribuito e di un mondo del lavoro in continua evoluzione.
4. **Rafforzare la propria resilienza**, preparandosi a gestire situazioni complesse e incerte con tranquillità e fiducia.

I leader che investono nella propria crescita contribuiscono a creare una cultura aziendale dinamica, in cui ogni membro del team è motivato a migliorare continuamente e a perseguire obiettivi sempre più ambiziosi.

Costruire un futuro di lavoro responsabile e umano
Infine, il futuro del lavoro e della leadership non può prescindere da un impegno per un mondo del lavoro più umano e responsabile. In un'epoca di grandi trasformazioni tecnologiche e sociali, i leader hanno il compito di preservare i valori umani, di costruire relazioni autentiche e di promuovere un ambiente di lavoro che rispetti la dignità e il valore di ogni individuo.

Un mondo del lavoro più umano si costruisce:

1. **Riconoscendo il valore unico di ogni collaboratore**, trattando ciascuno con rispetto e apprezzamento, e valorizzando le competenze individuali.
2. **Promuovendo una cultura della fiducia**, dove i collaboratori si sentono liberi di esprimere le proprie idee e di sperimentare senza timore di fallire.
3. **Garantendo pari opportunità per tutti**, eliminando le barriere che limitano l'accesso alle opportunità di crescita e promozione.
4. **Sostenendo una visione di lungo termine**, che consideri il benessere delle persone e dell'ambiente come obiettivi prioritari.

Con queste riflessioni, il libro si conclude con l'augurio che ogni leader possa essere ispirato a costruire un ambiente di lavoro responsabile, inclusivo e umano. La leadership non è solo una funzione, ma un'opportunità per fare la differenza nella vita delle persone e nella società. La strada verso una leadership smart e consapevole è un percorso che richiede impegno, ma che offre anche enormi soddisfazioni e un impatto positivo duraturo.

In questo viaggio, ogni manager ha l'opportunità di crescere come persona, di trasformare il proprio team e di contribuire a un futuro migliore, un futuro in cui il lavoro remoto diventa uno strumento per migliorare le nostre vite e per costruire un mondo più giusto e sostenibile.

Desidero esprimere il mio più sincero ringraziamento alla mia famiglia, che mi ha sostenuto in ogni passo della mia crescita professionale. La loro presenza, il loro affetto e la loro pazienza sono stati fondamentali per affrontare le sfide, perseguire i miei obiettivi e continuare a migliorare. Senza il loro appoggio, questo percorso non sarebbe stato possibile.

Un ringraziamento speciale va anche a tutte le persone con cui ho avuto il privilegio di collaborare e con cui continuo a lavorare nel mondo professionale. Ho incontrato persone straordinarie, che mi hanno offerto la loro fiducia e che, a mia volta, ho avuto il piacere di sostenere. Con ognuna di loro ho condiviso esperienze di crescita, sfide, successi e momenti di apprendimento che mi hanno arricchito e stimolato a dare sempre il meglio di me stesso.

Questo libro è anche frutto di quelle relazioni e di quelle esperienze. Grazie a chi mi ha dato la possibilità di crescere, a chi ha creduto nelle mie capacità e a chi, ogni giorno, mi ispira a fare sempre di più.

Roberto Erzoa è un manager esperto nel settore della consulenza IT, con oltre vent'anni di esperienza e una carriera dedicata alla trasformazione digitale e all'innovazione aziendale. La sua expertise abbraccia ogni aspetto della gestione di team remoti e della realizzazione di progetti di smartworking, con un approccio che integra abilità tecniche e doti di leadership empatica. Roberto è noto per la sua capacità di tradurre la complessità delle tecnologie in soluzioni concrete e facilmente accessibili, garantendo risultati misurabili e sostenibili.

Nel corso della sua carriera, Roberto ha collaborato con aziende di diverse dimensioni e settori, dalle startup alle grandi multinazionali, adattando le strategie alle specificità di ogni cliente. Ha ricoperto ruoli di rilievo in cui ha guidato progetti di trasformazione digitale, implementato nuove tecnologie e formato team ad alta performance, con l'obiettivo di migliorare la produttività e promuovere il benessere dei collaboratori.

Grazie alla sua dedizione, Roberto ha costruito un percorso professionale che combina l'attenzione al raggiungimento degli obiettivi con un profondo rispetto per le persone. In ogni progetto, mette al centro la collaborazione e la crescita personale, creando un ambiente di lavoro inclusivo e orientato all'innovazione. Il suo approccio lo ha reso un punto di riferimento per i leader aziendali che aspirano a creare team efficaci e resilienti, capaci di affrontare le sfide di un mondo in continua evoluzione.

INDICE

Premessa 3
Capitolo 1 5
  L'evoluzione del management nell'era digitale 5
Capitolo 2 15
  Comunicazione efficace con i team remoti 15
Capitolo 3 23
  Stabilire obiettivi e monitorare le performance 23
Capitolo 4 33
  Motivare e coinvolgere i team da remoto 33
Capitolo 5 41
  Gestione del tempo e delle priorità nel lavoro remoto 41
Capitolo 6 49
  Costruire e mantenere la cultura aziendale nel lavoro remoto 49
Capitolo 7 57
  Gestione della performance e valutazione dei risultati nel lavoro remoto 57
Capitolo 8 66
  Creare e sostenere la fiducia nel lavoro remoto 66
Capitolo 9 72
  Promuovere la creatività e l'innovazione nel lavoro remoto 72
Capitolo 10 79
  Misurare e monitorare le performance nel lavoro remoto 79
Capitolo 11 86
  La comunicazione empatica e la connessione umana nel lavoro remoto
  86
Capitolo 12 94
  Gestire le sfide e le difficoltà nel lavoro remoto 94

Capitolo 13 101
    Tecnologie per lo Smartworking 101
Capitolo 14 108
    Bilanciare il benessere e l'equilibrio tra vita e lavoro nel lavoro remoto
   108
Capitolo 15 114
    Strumenti per la collaborazione e la creatività nel team remoto 114
Capitolo 16 121
    Conclusioni e prospettive future 121

www.ingramcontent.com/pod-product-compliance
Lightning Source LLC
Chambersburg PA
CBHW050007230526
45465CB00003BB/1307